Auf der Suche nach dem verlorenen Bild

Internationales Architektenseminar Potsdam 1991

D1726035

Potsdamer Verlagsbuchhandlung

Auf der Suche nach dem verlorenen Bild

Internationales Architektenseminar Potsdam 1991

Herausgegeben vom
Dezernat für Stadtentwicklung,
Wirtschaft und Gewerbe
des Magistrats der
Landeshauptstadt Potsdam
als Dokumentation des
seminaristischen Verfahrens

Potsdamer Verlagsbuchhandlung

Die Durchführung des seminaristischen Verfahrens wäre nicht möglich gewesen ohne die umfangreichen Vorbereitungen durch die Mitarbeiter des Stadtentwicklungsamtes. Besonderer Dank gebührt dabei Herrn H. Görl, der die Organisation der Veranstaltung übernommen hat.
Ebenso gilt unser Dank Herrn W. Weitz als dem Initiator des Seminars und Herrn Dr. von Feldmann für seine Unterstützung des Unternehmens.
Eine problemlose Verständigung unter den italienischen und deutschen Teilnehmern ermöglichte Marcella Ferroresi; für die technische Unterstützung des Seminars danken wir der Firma Wegert.

Konzeption und redaktionelle Bearbeitung:
Christel Kapitzki
Umschlagentwurf und Gestaltung:
Jürgen Freter
Satz:
Mercator Druckerei GmbH Berlin
Lithographie:
Carl Schütte und C. Behling,
Offsetreproduktionen GmbH & Co. KG, Berlin
Graphische Werkstätten Berlin GmbH
Druck:
Druckerei Ludwig Vogt, Berlin
Bindung:
Buchbinderei Heinz Stein, Berlin
Vertrieb:
Potsdamer Verlagsbuchhandlung
Gutenbergstr. 71–72
O-1561 Potsdam

Soweit nicht von den Planungsgruppen zur Verfügung gestellt, stammen die Photoaufnahmen von Vera Futterlieb (Potsdam), Rainer Globisch (Potsdam), Bernd Kreutz (Berlin), Monath + Menzel (Berlin) und Tom Peschel (Berlin).

ISBN 3-910196-08-X

Inhalt

Elf Planungskonzepte

Auftakt zu einer guten und fruchtbringenden Tradition in Brandenburg

Der durch die Wende 1989 ermöglichte und noch lange nicht beendete Strukturwandel der Gesellschaft und der Wirtschaft in den neuen Bundesländern erfordert auch neue Konsequenzen und neue Konzepte für den Städtebau.

40 Jahre zentral gesteuerte Baupolitik in der ehemaligen DDR haben das Gesicht und den Zustand der Städte auch im Lande Brandenburg geradezu dramatisch im negativen Sinne beeinflußt.

Die unterschiedlichen Charakteristika der Städte – Grundbedingung für die Identifikationsmöglichkeit der Einwohner mit »ihrer« Stadt – wurden weitgehend zerstört, vor allem durch die fast ausschließliche Anwendung von Typenprojekten in der industriellen Bauweise.

Es besteht nunmehr die Chance, diese unheilvolle Entwicklung umzukehren. Für die politisch Verantwortlichen, also die endlich demokratisch gewählten Vertreter des Volkes, liegt darin eine Verpflichtung.

Aus diesem Grunde hat das Ministerium für Stadtentwicklung, Wohnen und Verkehr dem Vorhaben »Internationales Architektenseminar Potsdam« gern nicht nur ideelle, sondern auch finanzielle Unterstützung gegeben. Vor allem die Beteiligung italienischer und holländischer Architektengruppen bot die Gewähr dafür, daß hier etwas Neues geschehen könnte – der Einzug von Internationalität und erfahrener Professionalität in die bisher in DDR-Zeiten nach Normen diktierte »Städtebaukunst«, die in Wahrheit staatlich sanktionierte Vernichtung gewachsener Stadtstrukturen war. Beginn, Verlauf und Ergebnis dieses seminaristischen Verfahrens sollte auch als Beispiel für andere Städte des Landes Brandenburg dienen, für die gleichermaßen Visionen gefragt sind. Die Methode der Einbeziehung von Stadtplanern und Architekten strukturell und traditionell gleich oder ähnlich gearteter ausländischer Städte, die Einbeziehung von Architekten und Planern der Nachbargemeinden und Partnerstädte zur Lösung der neuen städtebaulichen Anforderungen sollte zu einer guten und fruchtbringenden Tradition in Brandenburg werden.

Jochen Wolf
Minister für Stadtentwicklung,
Wohnen und Verkehr

Stadtentwicklung im Zeichen eines umfassenden Strukturwandels

Die neuen politischen und wirtschaftlichen Gegebenheiten verlangen Überlegungen zur weiteren Stadtentwicklung Potsdams. Gegenwärtig geführte Diskussionen über die zukünftige Struktur und Gestalt unserer Stadt zeigen die Unterschiedlichkeit und auch Gegensätzlichkeit der Auffassungen zu diesem Problemkreis. Diese reichen vom romantisch verklärten Wunsch, »Alt-Potsdam« als Kopie wiedererstehen zu lassen, über Vorstellungen als »Gute Stube Berlins« bis zum Konzept einer computergesteuerten High-Tech-Siedlung.

Diesen unterschiedlichen Vorstellungen zur Stadtentwicklung stehen die aktuellen Entscheidungsnotwendigkeiten gegenüber, die aktives und schnelles Beschließen und Handeln der Stadtverordnetenversammlung und des Magistrats fordern. Schwerpunkte sind:

– Es liegen rund 3.000 Anfragen von Investoren für die Stadt Potsam vor.
– Fast 20 % aller Wohnungen der Stadt müssen auf irgendeine Weise rekonstruiert werden.
– Es besteht dringender Bedarf, neue Arbeitsplätze zu schaffen.

Die Lage der Stadt Potsdam in der Region Berlin und die Auflösung der ehemaligen Grenzgebiete sind ein auslösender Faktor für wesentliche strukturelle Veränderungen unserer Stadt. Mehrere hundert Hektar Fläche, die bis zur Wende sozusagen »Niemandsland« waren, erhalten plötzlich eine zentrale und begehrte Lage im Stadtgebiet und unterliegen einem generellen Funktionswechsel.

Mit der Beschlußfassung, daß Berlin Sitz von Bundestag und Bundesregierung wird, ist ein dynamisches Wachsen der Stadtregion verbunden. Daraus wird sich für Potsdam mit Notwendigkeit eine beschleunigte und intensive Stadtentwicklung ableiten, was in Ansätzen bereits deutlich erkennbar ist.

Das internationale Seminar zur Vorbereitung städtebaulicher und baulicher Wettbewerbe ist ein Beitrag, den Magistrat bei den benannten anstehenden Aufgaben zu unterstützen. Ich möchte an dieser Stelle allen am Seminar Beteiligten meinen Dank aussprechen. Mögen das Seminar und diese Dokumentation unserer Arbeit weiterhelfen.

Dr. Horst Gramlich
Oberbürgermeister
der Landeshauptstadt Potsdam

Möglichkeiten offenhalten!

Die Arbeiten der ausländischen und deutschen Architektengruppen zeigen, daß es überhaupt möglich und sinnvoll ist, wesentliche Teile der Potsdamer Altstadt um den Alten und den Neuen Markt in der einen oder anderen Weise wiederherzustellen – nicht aus Nostalgie, sondern zur Entfaltung lebendigen Erbes.

Ich bekenne freimütig, daß ich Schwierigkeiten bei der Beantwortung der sich aufdrängenden Frage habe, welche Folgerungen sich hieraus für die Potsdamer Stadtplanung in den nächsten fünf bis zehn Jahren ergeben. Wir werden doch nicht die häßlichen Neubauten um die Nikolaikirche und das monströse Rechenzentrum auf dem Platz der verschwundenen Garnisonkirche abreißen, solange Not an Arbeitsplätzen und Wohnungen herrscht.

Wir werden doch nicht den Stadtkanal aufgraben und die alte Straßenführung wiederherstellen, solange wir vor den gegenwärtig unlösbar erscheinenden Problemen des motorisierten Individualverkehrs stehen. Wir werden doch keine finanziellen und organisatorischen Mittel übrig haben, solange wir nicht die gigantische Aufgabe der Erhaltung und Wiederherstellung der zweiten barocken Stadterweiterung mit dem Holländerviertel und der aus dem 19. Jahrhundert stammenden, wertvollen Bausubstanz in den Vorstädten gelöst haben.

Meine Antwort auf die oben formulierte Frage lautet daher: Nichts zu tun, was der späteren Verwirklichung der Vision vom lebendigen alten Potsdam auch in den von den Architektenteams bearbeiteten Altstadtbereichen entgegenstehen könnte, damit unsere Nachfolger entschlossen ans Werk gehen mögen.

Dr. Peter v. Feldmann
Stadtrat für Stadtentwicklung,
Wirtschaftsförderung und Gewerbe

Baupolitik in Potsdam –
Ein anspruchsvoller Aufbruch
in die Gegenwartsarchitektur

Die neue politische Situation stellt die Landeshauptstadt Potsdam vor die Aufgabe, umfassende Strukturveränderungen vornehmen zu müssen, die insbesondere Maßnahmen im Bereich Bau und Wohnen erfordern. Dabei sieht sich die Stadt neben einem hohen Erwartungs- und Investitionsdruck ungeheurem Zeitdruck ausgesetzt, was mit den vorhandenen Planungsinstrumenten zu »Ungleichzeitigkeiten« in der Entwicklung führen könnte.

Zudem muß berücksichtigt werden, daß das neu einzurichtende Stadtgefüge über einen beträchtlichen Anteil alter erhaltenswerter Bausubstanz verfügt, die nicht nur in jegliche Planung einbezogen werden muß, sondern der genaueren Betrachtung zur Wiederherstellung des Potsdamer Gesamtkunstwerks bedarf. Letzteres macht umfangreiche Untersuchungen, Gutachten und die Erstellung von städtischen Nutzungskonzepten notwendig, denn das Ziel ist nicht, sinnentleerte Kopien der vergangenen Schönheiten anzufertigen; es geht vielmehr darum, anknüpfend an vergangene Traditionen, eine gleichwertige d. h. anspruchsvolle Architektur zu schaffen, die heutigen Anforderungen genügt und identitätsbildend wirkt.

Die Pflege von Traditionen hat auch gute Seiten. Eine der Potsdamer Traditionen ist die Integration der verschiedensten europäischen Einflüsse auf die Entwicklung und Gestaltung der Stadt. So sind heute noch französische, russische, italienische, englische und böhmische Einflüsse in der Wohn- und Kulturbebauung in Potsdam erkennbar. Diese internationalen Ideen zur Ergänzung derer unserer Architekten für die Gestaltung der wichtigen Potsdamer Bereiche haben interessante Lösungen für das Leben und Wohnen in einem Zentrum angeregt. Ein wichtiger Aspekt in der Auswertung der Lösungsvorschläge war der hohe Anteil von Wohnbauten als Ergänzung zu den dominanten Einzelbauwerken, der ein Garant für das pulsierende Leben im zentralen Bereich von Potsdam sein wird. Durch die Berücksichtigung einer gesunden Mischung von Dienstleistung, Kultur und Wohnen kann ein Erlebnisbereich Innenstadt entstehen, der auch nach Geschäftsschluß Anziehungspunkt für Besucher und Bewohner der Stadt werden kann. Für die vorgelegte Vielfalt als Grundlage einer weiteren städtebaulichen Entwicklung möchte ich allen Beteiligten für ihre intensive Beschäftigung mit den Visionen über die Zukunft unserer Stadt herzlichst Dank und Anerkennung aussprechen und freue mich, daß diese Ergebnisse hiermit einer breiteren Öffentlichkeit zugänglich werden.

Die Konkretheit der Entwürfe, teilweise wurden nahezu ausführungsreife Unterlagen übergeben, die den Magistrat in den Stand versetzen, sogleich Einzelwettbewerbe ausschreiben zu können, ist nur ein positiver Aspekt.

Außer Zweifel steht bereits heute, daß das »Internationale Architektenseminar Potsdam« als ein großer Gewinn für die Stadt betrachtet werden muß, mit dem sich verantwortungsvoll aufbauen läßt.

Detlef Kaminski
Stadtrat Bau und Wohnen

Denkmalpflege in Potsdam

1 vgl. hierzu:
ENGEL, H.:
Denkmalpflege und
Stadtbildpflege –
zwei unterschiedliche
Umgehensweisen mit
Altbausubstanz. In:
*Tag für Denkmalpflege in
Berlin 1.* Berlin 1987,
S. 49-60.
FRANK, R.:
Denkmalschutz oder
Stadtverschönerung?
In: *Verloren, gefährdet,
geschützt. Baudenkmale
in Berlin.*
Katalog zur gleich-
namigen Ausstellung im
Arbeitsschutzmuseum
Berlin-Charlottenburg
vom 7.12.1988 bis
5.3.1989, hrsg. v.
N. HUSE. Berlin 1988,
S. 157-165.
BILLER, TH.:
Zwischen Denkanstoß
und Disneyland.
In: *Denkmalpflege im
Rheinland 7,*
1. Viertelj. 1991, S. 7-8.

Denkmale werden gern und oft als Gegenbilder zur modernen Architektur und Stadtplanung mißbraucht. Nicht das Denkmal in seinem Zeugniswert ist dabei Gegenstand der Betrachtung, sondern dessen Kulissenwert als Stimulans für rückwärtsgewandte Stimmungsmache in der Politik und zur Durchsetzung einseitiger kommerzieller Verwertungsinteressen. Aktuelle wirtschaftliche, soziale und politische Schwierigkeiten sind hierfür ein ergiebiger Nährboden. Dadurch gerät das Denkmal selbst in eine existenzbedrohende Lage, weil die komplizierte und oftmals auch langwierige Konservierung bzw. Restaurierung Geduld und Verständnis von allen am Erneuerungsprozeß der Stadt Beteiligten verlangt, was jedoch nicht immer erreichbar ist. Die nichtgegebene schnelle und beliebige Verfügbarkeit sowie die sachgerechte Erhaltung von Denkmalen wird daher gern als störendes Hemmnis und als ungerechtfertigter Luxus angesehen: »Man darf doch Denkmalpflege nicht übertreiben!«

Eine schnelle »Stadtreparatur-Therapie« durch Denkmalpflege ist nicht zu erwarten, und so ist es populistisch nur allzuleicht verständlich zu machen, warum man mit einem großzügigen Wiederaufbau des Untergegangenen angeblich über einen Ausweg verfügt, mit dem man wesentlich überzeugendere und schnellere Lösungen herbeiführen könne, die Geschichtlichkeit einer Stadt als Urbanisationsfaktor zurückzugewinnen. Damit wird aber abgelenkt von der eigentlichen Aufgabe der Denkmalpflege, Dokumente der Stadtgeschichte zu bewahren. Denkmalpflege allein ist nun einmal kein geeignetes Instrument, dem allgemeinen kulturellen Vertrautheitsschwund im Stadtbild und anderen kommunalen Problemen zu begegnen; das ist die Aufgabe einer behutsamen Stadtentwicklungspolitik im weitesten Sinne.

Der Slogan des Europäischen Denkmalschutzjahres 1975 »Eine Zukunft für unsere Vergangenheit« sollte weder damals noch heute so interpretiert werden, daß die Schönheit des Alten gegen die behauptete und leider mitunter tatsächliche Häßlichkeit des Modernen zu setzen ist und daß alles Alte automatisch als Beleg für die angeblich gute Lebensqualität früherer Epochen gewertet werden darf. Die »Unwirtlichkeit unserer Städte« resultiert nicht allein aus dem Verlust von Historizität, auch wenn dies häufig ein trauriges Merkmal für die gegenwärtige Situation ist.

Die Denkmalpflege beschäftigt sich mit der gestalteten Wirklichkeit in ihrer Gesamtheit. Sie läßt sich nicht auf Kunst und Baugeschichte, auf die Interpretation des »genius loci« oder gar auf Schöngeistiges reduzieren. Insofern ist Denkmalpflege, neben der Konservierung der Einzeldokumente mit ihrer erweiterten Definition, was ein Denkmal sei, ein integraler Bestandteil der Stadtplanung. Daraus resultiert allerdings nicht die vielfach geforderte und als solche mißverstandene Funktion des Denkmalpflegers als »Fassadenverschönerer« und »Stadtdekorateur«.[1]

Stadtplaner, Architekten und Denkmalpfleger sollen vielmehr in einer historischen Stadt wie Potsdam aus einer kulturellen Gesamtverantwortung heraus zusammenarbeiten und nicht nur voneinander Kenntnis nehmen. Ihr gemeinsames Wirken ist vor allem dort gefragt, wo es gilt, die Denkmale vor ungerechtfertigten Eingriffen zu schützen, die Eigenarten des Gesamtkunstwerkes zu erkennen und im Grundmuster zu bewahren. Vor allem für den Altstadtbereich heißt das, sich auf das bauliche Maß und die Strukturverhältnisse vor den großen Zerstörungen von und nach 1945 zu beschränken, um auf diese Weise eine ausgewogene Fortentwicklung von Kontinuität und Wandel in der Stadt einzuleiten.

Architekten und Denkmalpfleger müssen sich gemeinsam sowohl gegen die Errichtung von Pseudodenkmalen wehren, als auch gegen jene sogenannte Sanierung von Gebäuden, die Denkmale zu Neubauten werden läßt. Vermeintliche »Sachzwänge«, wie rücksichtslos angestrebte Nutzbarkeit und Konsumkompatibilität, dürfen den Denkmalwert nicht auf einige liebenswerte Reminiszenzen reduzieren.

Wir stehen heute in Potsdam und in anderen Städten der ehemaligen DDR vor der nicht wiederholbaren Ausgangslage, trotz Krieg und sozialistischer Stadtplanung über eine Fülle denkmalwerter Bausubstanz zu verfügen, die in ihrer Originalität, verglichen mit den alten Bundesländern, oft weit weniger gestört ist. Diese einmalige historische Chance, Kulturgut von und in hoher dokumentarischer Qualität und Aussagefähigkeit künftigen Generationen zu überliefern und in einen behutsam weiterentwickelten Stadtkörper einzubinden, ist eine der größten kulturellen Herausforderungen der Gegenwart.

Geschichtsauffassung und Denkmalschutz

Georg Dehio traf 1901 im Zusammenhang mit der damals heftig geführten Debatte über die Rekonstruktion des Heidelberger Schlosses die bis heute gültige Aussage: »Was berechtigt uns denn, soviel Zeit, Arbeit und Geld dem Schaffen der Gegenwart zu entziehen, um sie den Werken der Vergangenheit zuzuwenden? Doch hoffentlich nicht das Verlangen, sie einem bequemeren Genuß mundgerechter zu machen? Nein, das Recht dazu gibt uns allein die *Ehrfurcht* vor der Vergangenheit. Zu solcher Ehrfurcht gehört auch, daß wir uns in unsere Verluste schicken. Den Raub der Zeit durch Trugbilder ersetzen zu wollen, ist das Gegenteil von historischer Pietät. Wir sollen unsere Ehre darin suchen, die Schätze der Vergangenheit möglichst unverkürzt zu überliefern, nicht, ihnen den Stempel irgendeiner heutigen, dem Irrtum unterworfenen Deutung aufzudrücken.«[2]

Aufbauend auf diesem Denkmalschutzverständnis, muß der unvermindert halsstarrig geführten Auseinandersetzung in und außerhalb von Potsdam um die »Polonisierung« der Denkmalpflege Einhalt geboten werden. Der hier ironisch verwendete Begriff steht gegen die geforderte perfekte Rekonstruktion aus dem Nichts. Günther Kühne hat ihn 1979 bewußt in Anführungsstriche gesetzt. »Nicht zuletzt deswegen, weil der Versuch, solche Rekonstruktionswünsche mit dem Hinweis auf die Praxis der polnischen Denkmalpflege zu rechtfertigen, deren Motive gründlich verkennt.«[3] Gern wird von einigen Eiferern übersehen, daß Polen nach dem Zweiten Weltkrieg das am schlimmsten verwüstete und zerstörte Land Europas war. »Die eben vernichteten Zeugnisse mußten, so schnell wie nur möglich,

2 DEHIO, G. u. A. RIEGEL: Konservieren, nicht restaurieren: Streitschriften zur Denkmalpflege um 1900. Mit einem Kommentar von M. WOHLLEBEN und einem Nachwort v. G. MÖRSCH. *Bauwelt Fundamente 80.* Braunschweig – Wiesbaden 1988, S. 37.

3 KÜHNE, G.: Bemerkungen zur »Polonisierung« der Denkmalpflege in Deutschland. – Sonderdruck aus: *Architektur, Stadt und Politik: Julius Posener zum 75. Geburtstag.* (Werkbund Archiv Jahrb. 4.) Gießen 1979, S. 195.

4 KÜHNE, wie Anm. **3**, S. 182.

5 vgl. z. B. COMENIUS-CLUB (Hrsg.): *Wiederaufbau und Restaurierung Historischer Stadtbilder in Polen.* Katalog zur gleichnamigen Ausstellung in der Galerie Im Körnerpark, Berlin-Neukölln, vom 30. 1. bis 24. 2. 1985. Berlin 1985, S. 103. KALINOWSKI, K.: Der Wiederaufbau der historischen Stadtzentren in Polen: Theoretische Voraussetzungen und Realisationen am Beispiel Danzigs. In: *Deutsche Kunst und Denkmalpflege 47 (2)*, 1989, S. 102-113.

6 LÜBBE, H.: *Die Aufdringlichkeit der Geschichte: Herausforderungen der Moderne vom Historismus bis zum Nationalsozialismus.* Graz – Wien – Köln 1989, S. 42.

7 vgl. z. B. BOOKMANN, H.: Kulturdenkmale als Geschichtsurkunden. In: *Arbeitshefte zur Denkmalpflege in Niedersachsen 7*, 1988, S. 19-25.

rekonstruiert werden, um die Lüge von der Geschichts- und Gesichtslosigkeit des Weichsellandes zu widerlegen.«[4] Der Wiederaufbau Warschaus und Danzigs ist als Akt nationaler Selbstbehauptung zu begreifen, ein singulärer Fall in der Geschichte, und allein schon deswegen mit den gegenwärtigen Problemen Potsdams noch nicht einmal annähernd zu vergleichen.[5]

»Unsere moderne Zivilisation ist ja ersichtlich gegenwärtig dabei, sich von sich selbst emotional zu distanzieren. Verweigerungshaltungen breiten sich an den Rändern unserer Gesellschaft aus. Nostalgietrips entwickeln sich hier und da zu manifester Vergangenheitssüchtigkeit. Technik- und Wissenschaftsfeindlichkeit grassieren. All das kann man verstehen; aber man muß ihm zugleich widersprechen, ja widerstehen.«[6] Denkmalpflege allein oder gar der Wiederaufbau des Verlorengegangenen können nicht der Ausgleich für den im zivilisatorischen Wandlungsprozeß begründeten kulturellen Vertrautheitsschwund sein bzw. dürfen dafür nicht mißbraucht werden. Denkmale sind Zeugnisse der Geschichte und können durch Imitationen nicht ersetzt werden. Die Bewahrung ihrer größtmöglichen Authentizität liegt daher als wichtigste Aufgabe der Denkmalpfleger, gewissermaßen als Archivare, in deren Kompetenz.[7] Derartige Dokumente haben lediglich die Aufgabe, über einen Teil unseres Gewordenseins Auskunft zu geben. In ihnen Antworten oder Wertmaßstäbe für gesellschaftliches Handeln der Zukunft finden zu wollen, ihnen gar Appellfunktionen und Emotionsgehalte zuzusprechen, ist ein Weg, der weit an der Lösung gegenwärtiger Probleme vorbeiführt!

Aktuelle Thesen zur Stadterneuerung

Am Schluß einer internationalen Tagung im Rahmen der »Europäischen Kampagne zur Stadterneuerung 1981« gaben die Teilnehmer eine umfangreiche Erklärung ab, aus der im folgenden, aufgrund ihrer fortdauernden Aktualität und der Übertragbarkeit auf Potsdam, einige Passagen wiederholt werden:

»Zeitgenössische Architektur in historischer Umgebung soll die geistigen Strömungen ihrer Zeit widerspiegeln. Sie soll sich nicht verleugnen, muß aber Maß, Form und Gliederung des vorgegebenen Rahmens respektieren. Trotz mancher guter Lösungsansätze besteht vielfach noch Unklarheit über den einzuschlagenden Weg ...

Das geschichtliche bauliche Erbe ist von hoher Bedeutung für das kulturelle Leben und für eine humane urbane Umwelt ...

Geschichtliche Dokumente und Träger von Gestaltwerten sind der Stadtgrundriß mit dem daraus entwickelten Raumgefüge und mit seinem quartiertypischen Parzellenzuschnitt, Ensembles und Einzelbauten ...

Ihre geschichtliche Aussagekraft und ihre maßstabprägende Funktion dürfen bei der Erneuerung und Weiterentwicklung nicht beeinträchtigt werden.

Erhaltungs- und Erneuerungsmaßnahmen sind mehr als bisher in umfassende Konzepte zur Stadtentwicklung zu integrieren, welche durch angemessene Verteilung der Nutzungen genügend Spielraum für die Weiterentwicklung der Stadt bieten. Dabei ist die Nutzungsvielfalt bei individueller Eigentumsverteilung als Wesenszug des historischen Bestandes zu erhalten. Nutzungsänderungen müssen von der Bausubstanz und der geschichtlich geprägten städtebaulichen Struktur aufgenommen werden können. Das bedeutet, daß sie mit der maßstabgebenden kleinteiligen Parzellenstruktur vereinbar sein müssen. Nutzungen, die die Selbsterneuerungskraft des Quartiers stärken und das soziale Leben fördern, genießen dabei den Vorzug ...

Verlorengegangene Zusammenhänge zwischen den Lebensvorgängen und den erhaltenen baulichen Strukturen sind nach Möglichkeiten neu zu knüpfen. Dies betrifft sowohl Einzelbauten wie öffentliche Staträume ...

In der Gestaltung von Neubauten spiegeln sich die Zukunftshoffnungen der Menschen ebenso wider wie ihr Selbstverständnis und ihr Geschichtsbewußtsein. Sie wird zugleich von programmatischen, sozioökonomischen, technologischen und politisch-rechtlichen Bedingungen bestimmt. Sie bewegt sich im Spannungsfeld zwischen individuellen und gesellschaftlichen Ansprüchen. Die Baugestalt prägt das Stadtbild in einem kontinuierlichen Prozeß als Zeitzeugnis ...

Bei allen Erhaltungs- und Neubaumaßnahmen ist zu beachten, daß die Stadtgestalt nicht nur ein historisches Dokument, sondern auch ein Spiegel regionaler Baukultur und Ausdruck der in der Stadt lebendigen geistigen und gesellschaftlichen Kräfte ist.

Bei der Eingliederung von Neubauten in den historischen Zusammenhang sind dessen stadträumliche und maßstabgebende Merkmale als Vorgaben in den Entwurf einzubeziehen. Sie sind mit funktionalen, sozialen und technisch-ökonomischen Bedingungen des Neubaus in Einklang zu bringen, damit die Fassaden und andere Gestaltungselemente nicht zu Dekorationen abgewertet werden.

Bedenken bestehen gegen eine Vereinheitlichung des Stadtbildes ...

Bauwerke und Umfeld sind eine Einheit. Der Gestaltung des Stadtbodens als wichtigem städtebaulichem Element ist besondere Aufmerksamkeit zu schenken.

Die öffentlichen Staträume müssen als Lebensräume der Stadtbewohner zurückgewonnen werden. Dabei sind Verkehrsanlagen sorgfältig in die städtebaulichen und gestalterischen Zusammenhänge der geschichtlich geprägten Umwelt einzugliedern.

Viele erhaltungswürdige, geschichtlich geprägte Bereiche werden durch maßstablose, struktursprengende und unangemessen gestaltete Neubauten beeinträchtigt. Deshalb bedarf die architektonische Gestaltung von Um-, An- und Neubauten sowie von Verkehrsanlagen sorgfältiger Lenkung. Sie darf jedoch echte schöpferische Ansätze für eine Weiterentwicklung der Architektur nicht verhindern ...

Erhaltung und Erneuerung geschichtlich geprägter Bereiche sind als langfristige Entwicklungsaufgabe anzusehen, die nur auf der Grundlage des Konsenses zwischen Politikern, Bürgerschaft, Verwaltung und Fachleuten lösbar ist. Diese Aufgabe hat heute nicht mehr nur kommunal- und gesellschaftspolitische Bedeutung. Sie überschreitet den lokalen und regionalen Rahmen; denn Staat und Gesellschaft sind aufgerufen, das bauliche Erbe der eigenen Nation und Europas zu bewahren. Je stärker Europa zusammenwächst, um so wichtiger wird der gesamteuropäische Aspekt.

8 DEUTSCHES NATIONALKOMITEE FÜR DENKMALSCHUTZ (Hrsg.): Bauen in der alten Stadt: Internationale Tagung im Rahmen der »Europäischen Kampagne zur Stadterneuerung 1981«. *Schriftenreihe des Deutschen National-komitees für Denkmal-schutz 17.* Bonn 1981, S. 189-195.

9 MECKSEPER, C.: *Das Leibnitzhaus in Hannover: Die Geschichte eines Denkmals.* Mit einem größeren Beitrag zum Bau von 1652 von I. KRÜGER. Hrsg. v. d. G.-W.-LEIBNITZ-GESELLSCHAFT e. V. Hannover 1983, S. 144.

Bei aller Unterschiedlichkeit der nationalen Staats- und Verwaltungsorganisation gibt es Erkenntnisse, die allgemeingültig sind.

Im allgemeinen politischen Bereich ist die sachgerechte Information der Öffentlichkeit vordringlich. Die Betroffenen in erster Linie müssen für Erhaltungskonzepte gewonnen werden.

Im kommunalpolitischen Bereich bedarf es der engen Zusammenarbeit zwischen den politischen Organen und allen beteiligten Verwaltungszweigen der Stadt . . .

Die Komplexität der Erneuerungsaufgabe verlangt eine verstärkte interdisziplinäre Zusammenarbeit. Eine enge Zusammenarbeit ist vor allem zwischen Städtebauern und Denkmalpflegern erforderlich.

Die Förderung des interdisziplinären Gedankenaustauschs auf nationaler und internationaler Ebene sollte verstärkt werden.«[8]

Über die Reproduzierbarkeit von Kunstwerken

Da einige »Geschichtsfreunde« störrisch ihre »Heimatliebe« auf einige verlorengegangene Großbauten projizieren, sei abschließend nochmals auf das Thema der Reproduzierbarkeit von Kunstwerken eingegangen.

»Rekonstruktion setzt die Kenntnis von Vergangenheit voraus. Sachwalter dieser Kenntnis ist der Historiker, für unser Thema der Bau- und Kunsthistoriker. Vergangenheit ist aber grundsätzlich nur relikthaft, punktuell überliefert und zwingt den Historiker, zwischen den erhaltenen Fakten zu interpolieren, die immer vorhandenen Lücken durch eigenes Nachdenken auszufüllen. Dabei kann er die Totalität vergangenen Geschehens nicht mehr herstellen, seine Arbeit ist immer eine durch jeweiliges Erkenntnisinteresse bestimmte Darstellung von Teilaspekten der Vergangenheit. Mitbestimmt durch seine eigene Zeit, prägt diese auch das Bild, das er zeichnet. So muß jede Rekonstruktion von Architektur schon in ihrem Vorfeld, der bildlichen Darstellung, das Ganze des Vergangenen nur eingeschränkt erreichendes, durch die Gegenwart gefärbtes, alles in allem unvollkommenes Abbild bleiben . . . Vermag aber bereits wissenschaftliche Arbeit nur eine Rekonstruktion zu liefern, um wieviel schwerer müßte es dann sein, den baulichen Anspruch einer Rekonstruktion einzulösen, einmal Gewesenes in seiner Gesamtheit zu wiederholen.«[9]

Walter Benjamin führte zur Frage der Reproduzierbarkeit von Kunstwerken aus: »Noch bei der höchstvollendeten Reproduktion fällt *eines* aus: das Hier und Jetzt des Kunstwerkes – sein einmaliges Dasein an dem Orte, an dem es sich befindet. An diesem einmaligen Dasein aber und an nichts sonst vollzog sich die Geschichte, der es im Laufe seines Bestehens unterworfen gewesen ist ... Das Hier und Jetzt des Originals macht den Begriff seiner Echtheit aus ... Der gesamte Bereich *der Echtheit entzieht sich der technischen – und natürlich nicht nur der technischen – Reproduzierbarkeit* ... Die Echtheit einer Sache ist der Inbegriff alles von Ursprung her an ihr Tradierbaren, von ihrer materiellen Dauer bis zu ihrer geschichtlichen Zeugenschaft. Da die letztere auf der ersteren fundiert ist, so gerät in der Reproduktion, wo die erstere sich dem Menschen entzogen hat, auch die letztere: die geschichtliche Zeugenschaft der Sache ins Wanken. Freilich nur diese; was aber dergestalt ins Wanken gerät, das ist die Autorität der Sache. Man kann, was hier ausfällt, im Begriff der Aura zusammenfassen und sagen: was im Zeitalter der technischen Reproduzierbarkeit des Kunstwerkes verkümmert, das ist seine Aura.«[10]

Die Aufgabe der Denkmalpflege besteht darin, wie bereits der Begriff unmißverständlich besagt, Denkmale zu pflegen und nicht, sich »Denkmale« zu bauen, um sie anschließend zu pflegen. Daß zur Ergänzung bzw. Reparatur von Denkmalen bzw. Denkmalbereichen einzelne Restaurierungen und Rekonstruktionen geboten sein können, ist unbestritten und im konkreten Einzelfall präzise zu begründen. Die teilweise geforderten umfangreichen Wiederaufbauprogramme für das Stadtschloß, die Garnison- und die Heiliggeistkirche und schließlich den gesamten Altstadtbereich sind abwegig.

In den im März 1991 vom Kulturdezernat des Magistrats der Stadt Potsdam und dessen Amt für Denkmalpflege vorgelegten »Leitlinien für die Denkmalpflege in Potsdam« ist folgende Aussage für den stark zerstörten Zentrumsbereich getroffen worden: »Der Stadtgrundriß ist das vollständigste Dokument einer jeden Stadtgeschichte. Er ist ein in Jahrhunderten entwickeltes System von Straßen und Plätzen, welches ein einmaliges Zeugnis vom Werden der Stadt ablegt und daher als deren bedeutendste Geschichtsquelle anzusehen ist. Der ehemalige Kernbereich der Stadt um den Alten Markt bis hin zur Burgstraße ist in wesentlichen Teilen zerstört. Um den Ausgangspunkt der Stadtentwicklung aus dem Mittelalter und dem Barock wieder aufnehmen zu können, ist eine weitgehende Rückführung der Stadtstruktur auf den historischen Grundriß vor dessen großflächigen Zerstörungen unumgänglich. Dieses muß mit einer neuen Verkehrskonzeption einhergehen ... Die Stadt kann nur in Kooperation mit Architekten und Stadtplanern allmählich ›repariert‹ und auf ihr historisch gewachsenes Grundmuster zurückgeführt werden. Dieses muß aber in Architekturformen unserer Zeit geschehen.«

Der Verlust von mehr als 5.000 laufenden Metern Barockfassaden[11] und der Großbauten wie Schloß und Kirchen ist schmerzlich und selbst formal nicht ersetzbar. Die *Inhalte,* die es gilt wiederzufinden, werden meines Erachtens viel zu wenig berücksichtigt.

10 BENJAMIN, W.: *Das Kunstwerk im Zeitalter seiner technischen Reproduzierbarkeit: Drei Studien zur Kunstsoziologie.* Kritisch durchges. Aufl. Edition Suhrkamp 28. Frankfurt a. M. 1977, S. 11-13.

11 WENDLAND, CHR.: Der Theaterneubau in Potsdam. Ende oder Neubeginn? – *Bauwelt 81 (29/30),* 1990, S. 1451.

12 vgl. hierzu die einzige Aufarbeitung zum Thema »Jüngere Stadt-planungen«: WERNER, F.: Potsdam. Städtebau und Raum-entwicklung seit 1935. *Beitr. u. Mat. z. Reg. Geogr. 3.* Berlin 1988, 118 S., Kartenanhang. Darin weiterführende Literaturangaben. Zur Dokumentation der Entstehung der Wilhelm-Külz-Straße als »sozialistische Magistrale«: POTSDAM-MUSEUM, DIREKTION (Hrsg.): Von der kurfürstlichen Landschaftsallee zur sozialistischen Magistrale – die Wilhelm-Külz-Straße. *Veröff. Potsdam-Museum 29, Geschichte.* Potsdam 1988, S. 111.

Die Kirchen waren Kultstätten der christlichen Gemeinden. Heute wollen weder die Amtskirche noch die jeweiligen Gemeinden diese verlorengegangenen Bauten zurückhaben. Dieses ist zu respektieren. Es steht daher niemandem sonst zu, darüber zu befinden, ob Kirchen wiederaufzubauen seien! An dieser Stelle sei an die Bibel, Römer V, Vers 3-5 erinnert: »Wir rühmen uns auch der Trübsal, dieweil wir wissen, daß Trübsal Geduld bringet; Geduld aber bringt Erfahrung; Erfahrung aber bringt Hoffnung; Hoffnung aber läßt nicht zuschanden werden . . . « Hoffen wir also auf Zeiten, in denen man die tatsächlichen Probleme der Stadt wieder gemeinsam besprechen kann.

Die Kirchtürme waren charakteristische Bestandteile der Potsdamer Stadtsilhouette. Versteht man sie als Landmarken, ist es legitim, sie mit neuen Funktionszuweisungen in die zu erarbeitende Stadtkonzeption einzugliedern. Das hat allerdings nur dann einen Sinn, wenn einmal die gesamte aktuelle Stadtsilhouette korrigiert werden kann.

Der Alte Markt ist das Herzstück der Stadt, welches über Jahrhunderte hinweg durch die Bauwerke der landesherrlichen, der kirchlichen und der bürgerlichen Macht in seiner Form und in seinem Erscheinungsbild bestimmt wurde. Als einzige Institution bis heute am Ort verblieben ist die Nikolaikirche; aus dem Alten Rathaus ist ein Kulturhaus geworden. An der Stelle des verlorengegangenen Stadtschlosses stand im Mittelalter die Burg. Es folgten das kurfürstliche und dann das königliche Schloß. Dieser Standorttradition, landesherrlicher Sitz zu sein, kann in unserer Demokratie nur in der Fortführung als Parlamentssitz entsprochen werden. Das demokratisch gewählte Landesparlament von Brandenburg ist die einzig würdige Nachfolge in dieser Tradition. Der Grundriß des Schlosses wäre baulich wieder aufzunehmen, um den Stadtkörper an dieser Stelle wieder zu schließen und die Dimensionen des Alten Marktes zurückzugewinnen. Im Alten Rathaus müßte auch der Repräsentationssitz des Oberbürgermeisters eingerichtet werden. Denn nur durch die Wiederaufnahme und zeitgemäße Fortsetzung der jahrhundertealten inhaltlichen Standortaussagen ist es gewährleistet, daß der Alte Markt erneut zum lebendigen Herzstück Potsdams wird und die entsprechenden Funktionen zurückerlangt.[12]

Der Verlust des Lustgartens sollte durch eine neue innerstädtische Prachtanlage ausgeglichen werden, in der in einem speziellen Skulpturengartenbereich die wenigen verbliebenen baulichen Reste des Stadtschlosses didaktisch aufbereitet ihren Platz finden könnten.

Der hier abgedruckte Beitrag ist die überarbeitete Fassung eines Vortrags, der am 26. April 1991 im Rahmen des Eröffnungskolloquiums zum Internationalen Architektenseminar Potsdam vor den Teilnehmern des Seminars gehalten wurde.

Als Arbeitsunterlage für die Teilnehmer legte das Amt für Denkmalpflege für alle sieben Untersuchungsgebiete Texte sowie Karten und Bildmaterialien vor, mit deren Hilfe die Geschichte der Gebiete und die denkmalpflegerischen Zielvorgaben dargestellt sind. An der Erarbeitung der Unterlagen beteiligten sich Johanna Neuperdt, Albrecht Gülzow, Andreas Kalesse, Matthias Kartz und Jörg Limberg.

Andreas Kalesse
Stadtkonservator

Das Gesamtkunstwerk zwischen historischem Anspruch und Tagespolitik

Potsdam
- als »Eyland«, das ein Paradies werden sollte
- als Stadt der Schlösser, Gärten und der Kunst
- als Lust- und Ohne-Sorg-Bereich – Sanssouci
- als Land der Freien-Siam
- als verwöhnter, verzogener Sprößling der Hohenzollern
- als Stadt der Liberalität und Internationalität
- als offene Stadt der politischen und religiösen Flüchtlinge und Verfolgten
- als Stadt des Feudalismus, des Chauvinismus und der Militarisierung
- als Stadt des Ediktes von Potsdam, als Ort des Tages von Potsdam und als Tagungsort der Potsdam Konferenz
- als Stadt des siegreichen Sozialismus, der den Feudalismus und Kapitalismus besiegt hatte
- als Stadt des Adels und des Bürgertums – diesseits der Havel – und der Spinner und Weber, der Arbeiter und Werktätigen jenseits der Havel
- als zentrale historische Stadt einerseits, als polyzentrale Stadt neuer Siedlungskerne andererseits
- als Stadt kultureller und sozialer Vielfalt, reicher und tiefer historischer Perspektive
- Stadt auch der Widersprüche, der Gegensätze
- als Landeshauptstadt und Hoffnungsträger einer neuen Generation.

Die sich aus diesem Spektrum ergebenden Erwartungen und Ansprüche und ihre Umsetzung in allen kulturellen und sozialen Bereichen – wie auch gerade im Bereich des Städtebaus, der Architektur, der Gartenarchitektur und der Bildhauerei – haben ein Niveau geschaffen, das trotz der Ferne der ikonographischen und ideologischen Programme immer wieder »die Augen glänzen« und »die Herzen höher schlagen«, uns die Verpflichtungen des Erbes ernster nehmen läßt und damit bis heute illuminierend und stimulierend wirkt.

Dies zeigte sich deutlich bei den Diskussionen und Vorstellungen des Architekturseminars zur Entwicklung von Schwerpunktbereichen der historischen Kernstadt und wird auch in den planerischen Ergebnissen spürbar. Wenn dieser Funke von den gehobenen Aufgabenstellungen im historischen Stadtbereich überspränge auf die bitter notwendigen Wohn- und Arbeitsstätten, wenn er übertragbar wäre auf die Stadtbau-, Bau- und Technikkultur, auf die Welt der Investitionsentscheidungen, der Haushalte, auf den staatlichen und kommunalen Entscheidungsprozeß für den Hoch-, Tief- und Gartenbaubereich und die Welt der Baugenehmigungen, dann hätte das Planungsseminar viel erreicht; schlecht wäre es, wenn ein solches Seminar zu einer Alibi-Veranstaltung für höhere sonntägliche Bedürfnisse würde, nach der in Ruhe zu den »eigentlichen« Tagesaufgaben übergegangen werden kann. Der Tagesanspruch und die Ungeduld, nach 40 Jahren zu »normalen« Verhältnissen überzugehen, die aufgestauten Bedürfnisse schnellstens zu befriedigen, birgt für die Entwicklung Gefahren, die einen 3. Schlag auf Potsdam erwarten lassen - 1. Schlag: Die Brand- und Sprengbomben 1945,

2. Schlag: Abbrüche und großvolumige Montagebauten der letzten 40 Jahre. Das Symposium ist ein Ansporn für die Stadtentwickler verantwortungsbewußt zu planen – d. h. die Folgen bedenkend, die privaten und öffentlichen Belange gegeneinander und untereinander gerecht abwägend und dabei die kulturelle Komponente und das Kulturerbe und die Zukunftsverpflichtung »für unsere Kinder« nachdrücklich und nachhaltig einbeziehend.

Die Stadtverordnetenversammlung hat hierzu generelle Beschlüsse gefaßt, die bei jeder anstehenden Aufgabe und Investition wieder – ggf. bohrend – nachgeprüft werden müssen. Das »Es muß losgehen« muß verbunden sein mit dem »Es muß auch dauerhaft verträglich sein«.

Was in Potsdam Identifikation schafft, Verwurzelung und Liebe zur Stadt – ob von außen oder von innen –, sind historische und poetische Momente aus der jeweiligen Zeit, gepaart mit Innovation, mit hohem qualitativen Anspruch. Diese Momente als einen natürlichen Verbund von Wirtschaft und Kultur zu sehen – wie früher einen Verbund von Herrschaft und Kultur –, daran hat das Symposium angeknüpft, auch gerade dank der ausländischen, voran der italienischen Partner. Daran wollen wir weiterarbeiten.

Nicht die architektonischen Ergebnisse im einzelnen sind ausschlaggebend, sondern der Kommunikations-, der Vermittlungsprozeß – auf hohem Niveau –, den es auszubauen und zu verbreitern gilt. Darin sollten andere Partner stimulierend mit einbezogen werden. Dann werden die Ergebnisse interessant und ein weiterer Beitrag für das Gesamtkunstwerk der Potsdamer Kulturlandschaft und des Potsdamer Raumes werden.

Dieser Anspruch wird hier für immer neue Generationen und Wachstumsringe erhoben und verwirklicht; an ihm müssen Sie und wir uns messen lassen. Hierzu werden weitere Beiträge gesucht, ohne Wohnungen und Arbeitsstätten und die soziale und die technische Infrastruktur zu vergessen.

Die Könige sind tot, auf sie folgende autoritäre Systeme haben versagt und sind gewendet. Potsdam steht die 1000-Jahrfeier ins Haus –, ein schweres, aber stimulierendes Erbe gilt es zu pflegen und gedeihlich, unter Einbezug der Alltagswelt fortzuentwickeln.

Richard Röhrbein
Leiter des Stadtentwicklungsamtes

Sozialistische Stadtplanung in Potsdam

Die städtebauliche Entwicklung Potsdams vom Kriegsende 1945 bis zur Gegenwart läßt sich grob in 4 Phasen gliedern.

1. Phase
1945 bis etwa gegen Ende der 50er Jahre

Mit der »Enttrümmerung«, einer mehr oder weniger notdürftigen Instandsetzung der durch den Bombenangriff vom 14. April 1945 und die letzten Kriegshandlungen beschädigten Gebäude, begann die Wiederaufbauphase, einhergehend mit der Schließung der entstandenen überschaubaren Baulücken.
In dieser Bauphase erfolgten noch keine städtebaulichen Veränderungen, man nahm trotz großflächiger Zerstörungen Rücksicht auf den historischen Stadtgrundriß. So wurde, wohl auch als »Renommierobjekt«, die Wilhelm-Staab-Straße (ehemals Hoditzstraße) bis 1958 als »erste Barockstraße der DDR« wieder aufgebaut. In der heutigen Yorckstraße (ehemals Am Kanal) entstanden gleichzeitig historisch angepaßte Neubauten. Ende der 50er Jahre jedoch begann man mit dem Einsatz neuer Bautechnologien (Großblockbauweise), um das Tempo des Wiederaufbaus zu forcieren und gleichzeitig die Baukosten zu senken. Beispiele dafür sind in Potsdam an der Ostseite des Platzes der Einheit (ehemals Wilhelmplatz) und in der Joliot-Curie-Straße (ehemals Französische Straße) zu finden. Auch hier wurde, abgesehen von geringfügigen Korrekturen der Baufluchten, noch Rücksicht auf den ehemaligen Verlauf der Straßen genommen.

2. Phase
1958 bis etwa 1968

Der V. Parteitag der SED (10. 7.-16. 7. 1958) beschloß Maßnahmen zur städtebaulichen Neugestaltung der im Krieg zerstörten Stadtzentren. Mit diesem Beschluß begann auch in Potsdam die Umgestaltung des historischen Stadtgrundrisses unter vor allem funktionalistischen Gesichtspunkten. Angeblich notwendige »moderne Verkehrslösungen« lagen seinerzeit durchaus im internationalen Trend; gepaart mit ideologischen Begründungen bildeten sie die Grundlage für die nun folgenden Abrisse der noch zum Wiederaufbau geeigneten Ruinen, z. B. des Stadtschlosses und der Garnisonkirche, wie auch für die Zuschüttung des Stadtkanals.

Wilhelm-Staab-Straße

Gebaute Ergebnisse dieser Planung sind die neue Lange Brücke, das Wohngebiet »Zentrum Süd« zwischen ehemaligem Stadtkanal und Alter Fahrt (Seminartitel: »Wasserstadt«), das Interhotel Potsdam am ehemaligen Lustgarten und das Datenverarbeitungszentrum an der Stelle der gesprengten Garnisonkirche. Auf den traditionellen Stadtgrundriß wurde nun bewußt keine Rücksicht mehr genommen – die »autogerechte Stadt«, Licht, Luft und viel Wohngrün sollte die ehemalige Enge der Straßen und die dichte Hofbebauung ablösen als Zeichen für eine neue »sozialistische Lebensweise«.

Allerdings wurde zur gleichen Zeit auch der Wiederaufbau des alten Rathauses, gemeinsam mit dem Knobelsdorffhaus am Alten Markt als Kulturhaus und auch der Schinkelschen Nikolaikirche betrieben, was angesichts der geplanten Abrisse von Stadtschloß und Garnisonkirche auch Alibifunktion im Hinblick auf den Vorwurf der Bilderstürmerei gehabt haben wird.

In diese Periode fällt außerdem der Baubeginn und die Fertigstellung der ersten »Satellitenstadt« Potsdams, der »Waldstadt I«, mit ca. 2.500 Wohneinheiten. Durch den Bau der Berliner Mauer (13. 8. 1961) bekam Potsdam tatsächlich die Bedeutung eines Oberzentrums für den Bezirk Potsdam, da nunmehr die Entfernung der meisten Ansiedlungen des Bezirks näher zu Potsdam als zu Ost-Berlin lagen. So stieg die Bevölkerungszahl Potsdams von etwa 109.000 Einwohner (1960) auf 140.000 Einwohner (1989).

Waldstadt I

Platz der Nationen

3. Phase
1968 bis etwa 1971

Der VII. Parteitag der SED (17. 4.-22. 4. 1967) beschloß die sogenannte »Gestaltung des entwickelten gesellschaftlichen Systems des Sozialismus in der DDR« und leitete damit eine neue Etappe des Städtebaus ein – die Erneuerung der Stadtzentren, vor allem die der Bezirksstädte der DDR, von innen heraus. Dieser Beschluß hatte auch in Potsdam Folgen: Man begann den Generalbebauungsplan der Stadt Potsdam als ein »übergeordnetes Leitinstrument« zu erarbeiten, den man permanent bis zum Ende der DDR fortschrieb; gleichzeitig wurde der sogenannte »Zentrumskern«, das Gebiet zwischen Platz der Einheit, Friedrich-Ebert-Straße, Zentrum-Süd und Altem Markt beplant und mit dem Bau angefangen. Es begannen ebenfalls die planerischen Vorbereitungen des Ausbaus der Wilhelm-Külz-Straße (ehemals Breite Straße) als sogenannte »Südtangente« der Verkehrsführung. Weitere Wohngebiete wurden errichtet – «Auf dem Kiewitt« (ca. 1.000 Wohneinheiten) und »Potsdam-West« (ca. 1.200 Wohneinheiten).

Die städtebaulichen Planungen für das Stadtzentrum Potsdams (sogenannte »Politbürovorlage« 1968) sahen in dieser Phase starke Eingriffe in die Substanz des historischen Potsdams vor (2. Stadterweiterung und Holländisches Viertel), die den Charakter der Stadt getreu dem politischen Auftrag »von innen heraus« vollständig verändert hätten.

Es muß jedoch betont werden, daß diese Planungen durchaus dem damaligen Trend in der Bundesrepublik entsprachen, was oft vergessen wird. So waren z. B. die ersten städtebaulichen Entwürfe für das Wohngebiet »Zentrum-Ost«, das als Bindeglied zwischen Potsdam und Babelsberg gedacht war, vom »Märkischen Viertel« in Berlin beeinflußt, das uns jungen Architekten als Beispiel für neues Wohnen und neuen Städtebau diente.

Auf dem Kiewitt

»Langer Jammer«,
Märkisches Viertel

4. Phase
1972 bis 1989

Auch für diese Phase war ein Parteitagsbe-
schluß der SED maßgebend (VIII. Parteitag
der SED vom 15.6.-19.6.1971): der Beschluß
zur Lösung der Wohnungsfrage als »soziales
Problem« in der DDR bis 1990.
Die Wirtschaftskraft der DDR war mit den geplanten Baumaßnahmen in den Stadtzentren
überfordert, so daß auch in Potsdam z. B. der
Neubau einer Stadthalle und eines neuen
Theaters nicht zur Ausführung kamen. In den
folgenden Jahren fand Stadtgestaltung gewissermaßen nur mit den Mitteln des Wohnungsbaus statt, wobei staatlicherseits vor allem
auf die Anwendung der Montagebauweise

»Am Stern«

(Typenprojekte) Wert gelegt wurde, die dem
Städtebauer nur noch geringste Gestaltungs-
möglichkeiten offen ließ. In dieser Zeit entstand die Mehrzahl der Potsdamer Neubau-
gebiete (Zentrum Ost, Stern, Waldstadt II,
Schlaatz). Mit dem Wohngebiet Drewitz sollte
die extensive Stadtentwicklung Potsdams ihren Abschluß finden.
Ab Mitte der siebziger Jahre begann in Potsdam wieder eine Hinwendung zu innerstädti-
schem Bauen. Auch bekam die Denkmalpflege durch die Verabschiedung des
Denkmalschutzgesetzes 1975 einen größeren
Stellenwert. So wurde 1975-1978 die Brandenburger Straße rekonstruiert und zur
Einkaufs- und Fußgängerzone umgestaltet.
Zeitgleich wurde die Planung für das Wohngebiet Wilhelm-Külz-Straße abgeschlossen und
mit der Bauausführung in der damals propa-
gierten »Einheit von Neubau, Erhalt, Modernisierung und Rekonstruktion« angefangen.
Die Hinwendung zum innerstädtischen Bauen
beinhaltete jedoch nicht eine Verstärkung der
Aktivitäten auf dem Gebiet der Instandsetzung und Modernisierung der historischen
Bausubstanz. Die staatlicherseits als Priorität
gesetzte Neubaupolitik bedeutete vielmehr
eine Vernachlässigung der traditionellen Bau-
gewerke, ganz abgesehen von permanenten
Materialschwierigkeiten und unzureichenden
Finanzierungsmöglichkeiten für die sogenannte »Rekonstruktion«. Die seit etwa 1981
neuerlich betriebene Planung zur Umgestaltung der Potsdamer Innenstadt sah deshalb
von Jahr zu Jahr mehr Abbrüche vor, obwohl
dieses Gebiet als »Denkmal von nationaler
und internationaler Bedeutung« kategorisiert
war. Einen Höhepunkt bildete dabei der durch
das Bezirksbauamt Potsdam durchgesetzte
Abriß eines Teils der Dortustraße im Spät-

sommer 1989. Hier sollte das Wohnungsbaukombinat Potsdam Ersatzbauten in der Plattenbauweise schaffen. Ohne die »Wende« wäre diese geplante Baumaßnahme wahrscheinlich nur der Auftakt für weiteren Abriß historischer Substanz geworden. So sah z. B. der 1989 angedachte 5-Jahresplan 1991 bis 1995 ca. 4.500-5.000 Neubauwohnungen im innerstädtischen Bereich Potsdams vor, was bedeutet hätte, etwa die gleiche Anzahl Wohnungen vorher abzureißen.

Städtebau und Architektur waren seit Gründung der DDR und stärker noch in dem sich später verfestigenden »postfeudalen« System eine Domäne der Regierung. Schon 1950 wurden mit dem Aufbaugesetz und den »16 Grundsätzen des Städtebaus« der Anspruch der »staatstragenden« Partei formuliert. Alle Parteitage gaben die für die folgenden Jahre geltende Grundlinie vor, die zwischen diesen Parteitagen durch die sogenannten Baukonferenzen der SED jeweils präzisiert wurde. Letzter Beschluß und Leitlinie des Politbüros der SED und des Ministerrates der DDR vom Mai 1982 war die Verabschiedung der »Grundsätze für die sozialistische Entwicklung von Städtebau und Architektur in der DDR«.

Viele städtebauliche Entscheidungen, vor allem in der Ulbricht-Ära, wurden vom Politbüro selbst getroffen. So ist z. B. der Abriß der Garnisonkirche von Ulbricht selbst verfügt worden, auch wenn nachträglich ein Stadtverordnetenbeschluß als demokratisches Deckmäntelchen herhalten mußte. Demgemäß mußte auch eine von Potsdamer Stadtplanern in Zusammenarbeit mit Planern der Bauakademie 1968 verfaßte Vorlage zur künftigen Stadtgestaltung Potsdams dem Politbüro zur Bestätigung vorgelegt werden.

Die Baupolitik wurde zentral und hierarchisch gesteuert und sah auf staatlicher Ebene die Reihenfolge: Ministerium für Bauwesen – Bezirksbauämter – Stadt- bzw. Kreisbauämter vor. Parallele Strukturen gab es in der SED mit den Abteilungen Bauwesen des Zentralkomitees, der Bezirks- und der Kreisleitungen. Ein durchgängig organisiertes Rapportsystem von unten nach oben sicherte die Erfolgsebene, da die Berichte ebenfalls von unten nach oben immer euphemistischer wurden, denn Kritik »von oben« war gefürchtet. Eine umfassende Baugesetzgebung gab es nicht – aber eine unüberschaubare Zahl von Gesetzen, Richtlinien, Verordnungen, Durchführungsbestimmungen bis hin zum Anwendungsgebot- bzw. -verbot bestimmter Baumaterialien, zur Durchführung von Investitionen usw.

Wilhelm-Külz-Straße

23

Das Bauwesen wurde nach Normativen geregelt; Vorrang hatten eine falsch verstandene Ökonomie und die Technologie, die architektonische Gestaltung selbst hatte den geringsten Stellenwert. Seltene, aber dennoch durchgeführte soziologische Untersuchungen oder Befragungen der Bewohner neuer Wohngebiete zum Wohnwert ihrer Umgebung erhielten den Vermerk »Vertrauliche Dienstsache« und verschwanden im Panzerschrank.

Eine Öffentlichkeitsarbeit zu städtebaulichen Planungen war zwar in gewisser Weise vorgeschrieben, fand im Prinzip aber nicht statt, da aufkommende Kritik zumeist im Keim erstickt wurde, vermutete man dahinter doch den »Klassenfeind«. Der Verfasser selbst hat erlebt, daß bei den 1988/89 immer zahlreicher werdenden Eingaben gegen die staatliche Abrißpolitik nicht nach den Ursachen, sondern nach den Personen gefragt wurde, die »dahinterstecken« könnten. Einem vermeintlichen Altruismus der »Parteiarbeiter« standen angeblich nur einige wenige Unbelehrbare gegenüber, die das »sozialistische Aufbauwerk« stören wollten.

Argumente von Stadtplanern und Architekten wies man zurück, wenn sie nicht in die vorgegebene Linie paßten. So wurde z. B. entgegen der Auffassung von Stadtplanern die städtebauliche Einordnung des Theaterneubaus am Alten Markt allein unter dem Aspekt vorgenommen, eine genügend große Fläche für 100.000-Mann-Demonstrationen zu erhalten.

Verheerend wirkte sich auch das etwa Mitte der 60er Jahre durchgesetzte Prinzip »Wer baut – projektiert« auf Städtebau und Architektur aus. Durch den Aufbau eigener Entwurfsabteilungen in den großen Baubetrieben waren die dort tätigen Architekten allgemein dem Diktat der Technokraten und Ökonomen unterworfen, allein das wirtschaftliche Ergebnis zählte.

Im Rahmen dieses Beitrags konnten nur einige Facetten genannt werden, die das gegenwärtige Erscheinungsbild Potsdams erklären. Mit dem erfolgreichen Abschluß des internationalen »Potsdam-Seminars«, so hoffe ich, ist eine neue Phase in der städtebaulichen Entwicklung der Stadt eingeleitet worden.

Rainer Globisch

Ein zukunftsweisender Dialog zwischen Planern und Politikern

Das Planungsseminar für die Potsdamer Inenstadt ist als Einstieg in einen fachlichen Dialog zwischen einem international zusammengesetzten Team von Architekten aus Venedig, Amsterdam, Rotterdam, Bonn, Berlin und Potsdam und den verantwortlichen Stadtplanern, Denkmalpflegern und Politikern des Potsdamer Magistrats zu verstehen. Das Zentrale Interesse der Beteiligten lag gewissermaßen an einem »Abenteuer der Ideen« im real existierenden Potsdam. Thema des Seminars war das Nachdenken über die Stadt, über die leeren Orte, über die architektonischen Botschaften, die Erinnerung und die Suche nach zeitgemäßen architektonischen Ausdrucksformen für die vielen Bauaufgaben in der Innenstadt.

Der planungspraktische Anlaß bestand in der Notwendigkeit, Leitbilder für jene Teile des Stadtkörpers zu entwickeln, die durch Zerstörung, Abriß und Neubau ihren Kontext mit dem historischen Bild der Stadt verloren haben und deshalb unter besonders starkem Investitions- und Veränderungsdruck stehen.

Das Seminar sollte anschauliche Bilder vorlegen, an denen die Entwicklungsmöglichkeiten der Planungsgebiete und der Maßstab der neugedachten Stadträume erkennbar werden, belegt durch gezeichnete Beispiele des architektonischen Eingriffs. So wurden dem Magistrat der Stadt am 30. Mai 1991 erste Planungsentwürfe und sieben Empfehlungen übergeben, die die Ergebnisse des Seminars zusammenfassen.

Es zeigte sich, daß die Teilnehmer die ihnen gestellte Aufgabe auf unterschiedliche Weise erfüllt, daß sie sich in methodisch verschiedenen Herangehensweisen mit dem Bild und den Themen der Stadtbereiche auseinandergesetzt hatten. In einigen Beiträgen standen die Organisation der Stadträume und Vorschläge für ihre Nutzung im Vordergrund, die den Rahmen für die Entwicklung und Beurteilung individueller Architekturen bilden sollen. Bei anderen Arbeiten lag die Priorität eindeutig auf dem architektonischen Entwurf als Konfrontation und Dialog mit der Geschichte der Stadt. Die Notwendigkeit einer architektonischen Übereinkunft über das Bauen im Kontext mit dem historischen Potsdam war bei allen Beiträgen – wenn auch in unterschiedlichen Interpretationen – vordringliches Anliegen.

Die Qualität der Beiträge, ihre Präsentation und der Versuch, die lange gedankliche Leere zwischen Platte und historischer Rekonstruktion mutig zu überspringen, gehört zu den bewegenden Erinnerungen an die Tage des Seminars.

Es wäre vermessen zu behaupten, mit diesem Seminar ließe sich eine neue architektonische Tradition in Potsdam begründen. Es war jedoch der wichtige Beginn eines Dialogs von Architekten mit der Stadt, der fortgesetzt und zu jener Anschaulichkeit für die Potsdamer Bürger geführt werden muß, wie dies nur gebaute Beispiele vermögen.

Die Stadt besitzt hierin eine weit zurückreichende Übung und eine glückliche Hand.

Bernd Faskel
Stefan Schroth

Das seminaristische Verfahren

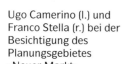

Ugo Camerino (l.) und Franco Stella (r.) bei der Besichtigung des Planungsgebietes »Neuer Markt«

Von den üblichen Planungswegen abweichend, unternimmt das seminaristische Verfahren als Ideenkonzept zur Vorbereitung städtebaulicher und baulicher Wettbewerbe im zentralen Bereich der Landeshauptstadt Potsdam den Versuch, einer neuen Situation mit neuen Maßnahmen zu begegnen.

Die Stadt sieht sich mit dem Problem konfrontiert, daß die Innenstadt einerseits den Identifikationsort Potsdams darstellt, der als Verknüpfungsbereich der vielfältigen urbanen Funktionen dem größten Investitions- und Veränderungsdruck ausgesetzt sein wird, andererseits ist das städtebauliche Gefüge des zu behandelnden Innenstadtbereichs wie kaum ein anderer Teil des Stadtkörpers durch Zerstörung, Abriß und Neubau in seiner historischen Charakteristik verändert.

Die derzeitige Diskussion um das neue »alte« Erscheinungsbild Potsdams bildet den Ausgangspunkt notwendiger Überlegungen und Planungen vor dem Hintergrund sich wandelnder wirtschaftlicher, struktureller und verkehrsbezogener Rahmenbedingungen. Aus diesem Grund muß die Neuformulierung des Alten Marktes als das zentrale Thema der Auseinandersetzung um den Innenstadtbereich angesehen werden, an dem sich alle weiteren planerisch zu behandelnden Teilbereiche der Innenstadt orientieren müssen. Insgesamt lassen sich folgende Planungsgebiete ausweisen:

A. Alter Markt
B. Bahnhof, S-Bahnhof
C. Neuer Markt und Plantage
D. Stadtkanal, Platz der Einheit
E. Die Speicherstadt, Leipziger Straße/ Havelufer
F. Hotel Potsdam, Lustgarten, Hinzenberg
G. Wasserstadt Nordseite, Zentrum Süd

Um zu verhindern, daß die beschriebene Situation zu einem Dilemma gerät, dessen Bewältigung ungeheuer viel Zeit kostete, hat der Magistrat der Stadt kurzerhand beschlossen, sich bereits im Vorfeld der Ausschreibung von Wettbewerben von internationalen Fachleuten beraten zu lassen. Dies geschieht mit finanzieller Unterstützung der Landesregierung, in Form eines offenen kooperativen Verfahrens, dessen Ziel es ist, bauliche Entwicklungsmöglichkeiten für die sieben Planungsgebiete aufzuzeigen, die den Maßstab des neu gedachten Stadtraumes deutlich werden lassen und Beispiele für architektonische Eingriffe liefern. Aus den Ergebnissen der Planung und der Kritik sollen folgende nächste Maßnahmen abgeleitet werden:

– Darstellung der im Planungsverfahren einvernehmlich geklärten engeren Bereiche und Standorte, die sich für eine direkte Beauftragung von Architekten in Verbindung mit Bauträgern oder Bauherren-Wettbewerben eignen

– Darstellung jener Gebiete, für deren bauliche Entwicklungen städtebaulich/bauliche Wettbewerbe ausgelobt werden sollen, in deren Aufgabenstellung die aus dem Seminar gewonnenen kritischen Positionen formuliert werden

– Darstellung solcher Bereiche, die noch einer genauen planerischen Untersuchung bedürfen, bevor sie einer baulichen Entwicklung zugeführt werden können.

»Geboren« wurde die Idee der Zusammenarbeit Potsdams mit anderen Wasserstädten von den Berliner Diplomingenieuren und Architekten Stefan Schroth und Bernd Faskel (Geschäftsführer des Entwicklungsträgers Moabiter Werder und damit bereits erfahren im Betreten von Neuland), sowie Werner W. Weitz und Wolfgang Schulz von der Architektengemeinschaft ELW und dem Potsdamer Stadtarchitekten Rainer Globisch. Bezeichnenderweise war es eine kalte Januarnacht in Venedig, als dieser Gruppe von Architekten und Stadtplanern deutlich wurde, daß die Verwandtschaft zwischen Potsdam und Venedig nicht nur über die Anbindung an das Wasser besteht; Venedig ist ebenfalls Landeshauptstadt, hat mit ständig anwachsendem Tourismus zu kämpfen und vor allem große Probleme mit alter Bausubstanz.

Schon im März reisten Baustadtrat Detlef Kaminski und Stadtarchitekt Rainer Globisch nach Venedig, um in Gesprächen mit Baustadtrat Giovanni Caprioglio und Vertretern des Fachbereichs Architektur der dortigen Universität über eine künftige Zusammenarbeit zu beraten. Da die Venezianer für diesen Vorschlag großes Interesse zeigten, bekamen die »Potsdamer Kollegen« sehr bald die Zusage, daß die Stadt Venedig das Vorhaben wissenschaftlich begleiten und mindestens zwei Architektengruppen nach Potsdam entsenden werde.

Nach Hause zurückgekehrt, entschied man sich nach eingehender Beratung mit den Berliner Initiatoren dann für folgenden Verfahrensablauf:

Im Rahmen eines Eröffnungskolloquiums, das am 25. und 26. April 1991 stattfand, wurden

links:
Teilnehmer des Eröffnungskolloquiums auf ihrem Rundgang durch die Stadt. Kreuzung Wilhelm-Külz-Straße / Ecke Dortu-Straße

mitte:
Rudy Uytenhaak (m.) und seine Mitarbeiter beim Überprüfen der Planungsansätze

rechts:
Hans Joachim Kölling, Christian Wendland, Günther Vandenhertz und Michael Neumann (v.l.n.r.) über ihren Planungsentwürfen

Neben der Fragestellung, ob aufgrund dieser Ähnlichkeiten gemeinsam an Lösungsmöglichkeiten gearbeitet werden könne, erweiterte man diese Idee spontan um die Städte Amsterdam und Rotterdam und fügte später dann in Gesprächen mit den Verantwortlichen in Potsdam die Partnerstadt Bonn und geeignete Kollegen aus Berlin und Potsdam hinzu.

die Arbeitsgruppen mit den Gegebenheiten in Potsdam vertraut gemacht. Dies geschah in Form von Vorträgen, Informationsgesprächen, umfangreichem Planmaterial, Ausstellungsbesuchen (»Denkmal Potsdam«, »Das Schloß«) und vor allem durch eine ca. sechsstündige »Ortsbesichtigung« der sieben Planungsgebiete.

Die Teams ihrerseits waren aufgefordert, sich anhand kleiner Diavorträge vorzustellen, die einen Eindruck von ihren Arbeiten und Arbeitsweisen vermitteln. Zudem sollten innerhalb des Kolloquiums die jeweiligen künftigen Planungsgebiete bekanntgegeben werden, wobei der Alte Markt für alle Gruppen eine »Pflichtaufgabe« darstellte, während unter den weiteren sechs Bereichen (mindestens zwei) ausgewählt werden konnte.

Nach einer einmonatigen Arbeitsphase folgten am 28. Mai 1991 vier italienische, zwei holländische und vier deutsche Teams der zweiten Einladung des Potsdamer Magistrats in die Landeshauptstadt.

Gruppenfoto am Ende des Seminars

Drei Tage lang wurden dort im Sinne eines Workshops erste Ideen und Entwürfe zum neuen »alten« Erscheinungsbild Potsdams präsentiert und diskutiert, um der Stadt schließlich in Form von Empfehlungen eine Planungskonzeption zu übergeben. Sie sollen Anregung und Entscheidungshilfe bieten, die gleichzeitig aber offen bleibt für Kritik und eine Weiterentwicklung im Rahmen von Wettbewerben.

Seinen ersten praktischen Nutzen hat dieses Unternehmen bereits auf der Veranstaltung »Wohin mit dem Theater für Potsdam« unter Beweis gestellt, zu der am 21. Juni 1991 der Verein für behutsame Stadtentwicklung e. V. eingeladen hatte. Mit Hilfe der eingereichten Entwürfe konnten Standortalternativen aufgezeigt, die bauliche Theaterkonzeption erweitert, die öffentliche Diskussion angeregt und Entscheidungshilfen angeboten werden.

Die vorliegende Dokumentation versucht, neben der Qualität der Entwürfe das hohe Niveau der Diskussionen und nicht zuletzt die überaus angenehme, von Gemeinsamkeit bestimmte Arbeitsatmosphäre wiederzugeben. Eine weitere Möglichkeit, die Ergebnisse des seminaristischen Verfahrens der Öffentlichkeit zugänglich zu machen, bietet eine Ausstellung der »Originale« in der Zeit vom 10. bis 29. Oktober 1991 im Palais am Nauener Platz.

Christel Kapitzki

Sieben Planungsgebiete

A. Alter Markt

Bis zu seiner Zerstörung durch den Bombenangriff am 14. April 1945 war der Alte Markt städtischer und baukünstlerischer Mittelpunkt Potsdams, dessen Akzente das Stadtschloß, die barocke Nikolaikirche und das Rathaus bildeten. In seiner »Beschreibung der königlichen Residenzstädte« bezeichnet Friedrich Nikolai 1779 den Alten Markt als den schönsten Platz in Potsdam und bezieht sich dabei auf das Ensemble wie es von Georg Wenzeslaus von Knobelsdorff konzipiert und mit dem Umbau des Stadtschlosses 1744 unter Friedrich II. begonnen wurde. In der zweiten Hälfte des 18. Jahrhunderts ließ Knobelsdorff diesen städtebaulichen Raum nach künstlerischen Gesichtspunkten überformen, indem er malerische Räume und faszinierende Sichten im Zentrum der Stadt schuf. Dabei ergänzte er die genannten baulichen Akzente, nach dem Vorbild römischer Platzanlagen, durch eindrucksvolle Bürgerhäuser, Scheinfronten und Schaufassaden. Um die Monumentalität der Anlage zu unterstreichen, errichtete er in der Platzmitte einen 16 Meter hohen Obelisken, der die Medaillons des Kurfürsten Friedrich Wilhelm sowie der Könige Friedrich I., Friedrich Wilhelm I. und Friedrich II. zeigte.

Nach der weitgehenden Zerstörung 1945 wurden lediglich der Obelisk (er trägt seit den siebziger Jahren die Bildnisse der Baumeister Knobelsdorff, Gontard, Schinkel und Persius), das Rathaus und die Nikolaikirche wiederaufgebaut; letztere im klassizistischen Stil, den ihr Mitte des 19. Jahrhunderts, nachdem sie 1795 ausgebrannt war, Karl Friedrich Schinkel gegeben hatte.

Die Ruine des Stadtschlosses jedoch wurde 1959/61 gesprengt bzw. mit Abrißbaggern vollständig entfernt. Einige Skulpturen und die noch gut erhaltene Kolonnade, die einst das Schloß mit dem Marstall (seit 1981 Filmmuseum) verband, fanden im Lustgarten, hinter dem Interhotel, einen neuen Platz. Weitere »überlebende« Skulpturen, darunter ein Atlas mit Weltkugel, Bestandteil des Fortuna-Portals, schaffte man in ein Waldstück, aus dem sie erst im Sommer 1990 geborgen werden konnten.

Zu diesem erheblichen Eingriff in die Stadtgestalt kam im Zuge der Erneuerung des Altstadtzentrums auch eine Veränderung des Potsdamer Stadtgrundrisses.

links:
Alter Markt mit
Nikolaikirche, Obelisk
und altem Rathaus
(heute Kulturhaus)

rechts:
Rohbau des zum
Abriß bestimmten
neuen Theaters

Die heutige Situation ist charakterisiert durch den zum Abriß bestimmten Theater-Rohbau und die Grenzlage zu den überdimensionierten Magistralen der Wilhelm-Külz- und der Friedrich-Ebert-Straße. Vorrangige Aufgabe angestrebter Neuplanungen ist die weitgehende Wiedergewinnung der historischen Platzsituation und städtebaulichen Maßstäblichkeit.

Denkmalpflegerische Diskussionsansätze

– Der Alte Markt mit der Stadtschloßanlage muß als der Konzentrationspunkt von kirchlicher, landesherrlicher und bürgerlicher Macht und als das Herz der Stadt aufgefaßt werden.

– Bei der städtebaulichen Umgestaltung ist die historische Bausubstanz einzubeziehen,

sind alle historischen Baufluchten und -höhen wieder aufzunehmen,

sind die Dachformen sämtlicher Gebäude den historischen Vorbildern entsprechend zu gestalten,

ist die historische Pflasterung des Platzes wiederherzustellen.

– Der Platz sollte verkehrsfrei gehalten werden, wobei Straßenbahnen jedoch denkbar wären.

B. Bahnhof, S-Bahnhof

Auf dem Gelände des im 18. Jahrhundert noch existierenden Rittergutes wurde östlich der Langen Brücke 1838 der Potsdamer Bahnhof als Endpunkt der Eisenbahnlinie Berlin-Potsdam eingeweiht. Gleichzeitig entstand gegenüber dem Bahnhof das erste Eisenbahnreparaturwerk in Deutschland. Zehn Jahre später schon, mit dem 19. August 1848, diente er als »Zwischenbahnhof« auf der Strecke Berlin-Magdeburg, was entsprechende bauliche Veränderungen erforderlich machte. »Der freistehende Turm stand den durchlaufenden Gleisen im Wege, das bescheidene Empfangsgebäude aus der Anfangszeit wurde westwärts erweitert und später östlich in Verlängerung der ›Perronhalle‹ ein größeres, klassizistisches Bahnhofsge-

Blick vom Neuen Markt auf die Nikolaikirche

daneben:
Überdimensionierte Kreuzung Lange Brücke / Wilhelm-Külz-Straße / Friedrich-Ebert-Straße

Wilhelm-Külz-Straße, Richtung Westen

Wilhelm-Külz-Straße mit Marstall, Richtung Osten

30

bäude errichtet.«[1] Der Bahnhof war zudem beliebtes Ausflugsziel, wo man von der Terrasse eines Lokals aus bei Kaffee und Kuchen sowohl den Bahnbetrieb als auch die Landschaft beobachten konnte. Von diesen im Zweiten Weltkrieg zerstörten Bauten sind wesentliche Teile nicht mehr vorhanden. Ihr Wiederaufbau erfolgte nicht, da der Bahnhof durch den neu geschaffenen Hauptbahnhof seine frühere Bedeutung verlor. Seit dem 2. Oktober 1960 führt der alte Bahnhof Potsdam die Bezeichnung »Potsdam Stadt«.

Dennoch befinden sich auf diesem Gelände noch heute sehr wertvolle Gebäude und technische Einrichtungen (Halbrundschuppen mit Drehscheibe um 1870, Wasserturm und Werkstätten). Aus älterer Zeit stammen das ehemalige Gutshaus (1788) und ein einge-

Denkmalpflegerische Diskussionsansätze

– Die denkmalwerte Bausubstanz innerhalb des Planungsgebietes muß sinnvoll integriert werden.
– Der Neubau eines Stadtbahnhofs muß den historischen S-Bahnhof mit einbeziehen.
– Unter Rücksichtnahme auf die Altstadt am anderen Ufer der Havel sollten Neuplanungen drei Obergeschosse nicht überschreiten.
– Das Planungsgebiet grenzt unmittelbar an die Anlagen der heutigen Landesregierung von Brandenburg. Diesem Aspekt ist ebenfalls Rechnung zu tragen.

1 BERGER, M.: *Historische Bahnhofsbauten,* 3 Bd., Berlin 1987

mitte:
Lange Brücke, Freundschaftsinsel, Bahngelände

rechts:
Bahnhof Potsdam Stadt

schossiger Putzbau, die sogenannte Försterei.

Auf dem etwa 7 ha großen Gebiet des Güter- und Containerbahnhofs sollen in Verbindung mit gastronomischen und kulturellen Einrichtungen am Havelufer gegenüber der Freundschaftsinsel überwiegend Büroflächen und Wohnungen entstehen.

– Die alte Königstraße (heute Friedrich-Engels-Straße) muß erhalten bleiben, da sie die historische Verbindung zwischen Potsdam und Berlin darstellt.
– Der nördliche Raum des Planungsgebietes ist als ein spezieller Bereich der Kulturlandschaft der Stadt aus Naturschutzgründen zu erhalten.

C. Neuer Markt und Plantage

Im Mittelalter bildete der Neue Markt die westliche Stadtgrenze. Im Zuge der Errichtung der Kurfürstlichen Residenzstadt Potsdam wurde nach Fertigstellung des Stadtschlosses 1671 der Kurfürstliche Kutschpferdestall gebaut, der das Vorgängerbauwerk des sogenannten »Kutschstalls« ist, in dem heute eine Handelsgesellschaft ihren Sitz hat. Vor diesem Gebäude legte man 1674 in quadratischer Form den nach Süden hin offenen Stallplatz an.

Unter Friedrich Wilhelm I. verlegte man den Stallplatz hinter den Kutschpferdestall und umbaute ihn mit Stallgebäuden. An der Stelle des Stallplatzes entstand 1713-1720 der Neue Markt.

tung sind die ebenfalls von Knobelsdorff entworfenen Gebäudeensembles Schloßstraße 9 a/10/11 und Am Neuen Markt 9/10, der 1787/89 nach Entwürfen von A. L. Krüger errichtete Kutschstall und das in Anlehnung an einen Entwurf von Palladio entstandene Bürgerhaus Am Neuen Markt 5. Das Kabinetthaus (1753) Am Neuen Markt 1 wurde ab 1764 von Friedrich Wilhelm II. als Stadtpalais genutzt. Hier kam später der Thronfolger Friedrich Wilhelm III. zur Welt.

An der Stelle des heutigen Rechenzentrums befand sich bis 1968 die 1945 ausgebrannte Ruine der Garnisonkirche. Unter Friedrich Wilhelm I. war die für die Stadtsilhouette so bedeutende Hof- und Garnisonkirche nach Plänen von Philipp Gerlach erbaut worden, in Anlehnung an den niederländischen Kirchen-

links:
Straße am Neuen Markt
mit Marstall

mitte:
Kutschstall
am Neuen Markt

rechts:
Fassade des Kutschstalls,
Eingang in Form
eines Triumphbogens mit
Pferde- und Stallmotiven

Die heutige Platzform geht auf Georg Wenzeslaus von Knobelsdorff zurück, der dort nach künstlerischen Gesichtspunkten wirkungsvolle Räume und faszinierende Blickpunkte schuf. Seinen baulichen Abschluß fand der Neue Markt zu Beginn des 19. Jahrhunderts mit der Errichtung der Ratswaage auf der Mitte des Platzes. Von hervorragender städtebaulicher und baukünstlerischer Bedeu-

bau des 17. Jahrhunderts. Der Platz nördlich der Kirche, die »Plantage an der Garnisonkirche«, war wie der Platz der Einheit und der Bassinplatz wegen seines sumpfigen Untergrundes von der Bebauung ausgenommen und diente im 18. Jahrhundert als Exerzierplatz. Erst nach 1850 wurde die Plantage nach Plänen Lennés in eine Grünanlage verwandelt.

Die östliche Flanke der Plantage bildete das 1945 abgebrannte Exerziergebäude »Langer Stall«, von dem nur das 1781 ausgeführte dekorative Eingangsportal in der Wilhelm-Külz-Straße erhalten geblieben ist. Die Oberrechnungskammer schließt sich rechtwinklig an den Nordgiebel des Langen Stalls an und hat seit 1817 ihr Domizil in einem der schönsten Paläste am Kanal, nämlich in dem nach seinem ehemaligen Besitzer, dem Glasschleifer Brockes, benannten »Brockeschen Haus«.

In dem beschriebenen Gebiet – zwischen den Plätzen entlang dem Stadtkanal, mit Kutschstall und Brockeschem Haus als architektonischen Dominanten – soll ein Stadtraum entwickelt werden, der das dringend benötigte neue Stadttheater (mit ca. 650 Plätzen) aufnehmen könnte.

Der Neue Markt ist der einzige fast vollständig erhaltene Stadtplatz des 18. Jahrhunderts;
Kutschstall und Marstall sind die einzigen Überbleibsel höfischer Architektur innerhalb der Stadt und somit wichtige historische Zeugnisse.
- Am Neuen Markt müssen die zerstörten Gebäude durch Kopien ersetzt werden.
- Ausgehend von der historischen Bausubstanz der Straßenfluchten und der Absicht, den Stadtkanal wiederherzustellen, ist der Gartenraum in seiner letzten historischen Fassung zurückzugewinnen. Eine Neubebauung an der Ostseite des Platzes hat sich an diesen Gesichtspunkten zu orientieren.

links:
Ehemalige Reithalle hinter dem Kutschstall, rechts Feuerwehr

rechts:
Plantage, Yorckstraße Glockenspiel

Grabungsarbeiten Stadtkanal

Denkmalpflegerische Diskussionsansätze
- Zwei Faktoren machen eine Ergänzung des Neuen Marktes sowie die Rückgewinnung des ehemaligen Stadtplatzes notwendig:

D. Stadtkanal, Platz der Einheit

ganz links:
Offizierskasino Am Kanal,
ehemaliges Kommandeur-
haus und Lazarett;
Kellertorbrücke nicht
mehr vorhanden

mitte links:
Verlauf des ehemaligen
Stadtkanals, ab 1965
zugeschüttet

mitte rechts:
Dortu-Straße, ehemaliger
Verlauf des Stadtkanals
zur Kiezbrücke

ganz rechts:
Platz der Einheit –
Wilhelmsplatz

Mit der Zuschüttung des 1,5 Kilometer langen Potsdamer Stadtkanals in den Jahren 1965 bis 1971 verlor die Stadt eine weitere städtebauliche Besonderheit.

Im Zuge der planmäßigen Stadtumgestaltung durch holländische Ingenieure, Künstler und Gärtner ließ der Große Kurfürst Friedrich Wilhelm, zur Entwässerung des sumpfigen Gebietes nördlich der Stadt, 1673 diesen Kanal nach dem Vorbild einer holländischen Gracht anlegen. Mehrere alte Stadtgräben zusammenfassend durchzog er die Stadt von Osten (Kellertor) nach Westen (Wassertor), knickte an der Waisenstraße (heutige Dortustraße) nach Süden ab und mündete an den Planitzinseln wieder in die Havel. Nach 1740 entstan-

aufgenommen werden. Die heute noch im Erdreich vorhandenen Einfassungsmauern, Treppen und Brückenpfeiler stammen in ihrer Substanz aus der Mitte des 18. Jahrhunderts. Von der Breiten Brücke sind die Geländer sowie fünf der sechs steinernen Laternenträgerfiguren erhalten.

Der zentrale Platz am Stadtkanal war der Wilhelmsplatz (heute Platz der Einheit), dessen einstige, nach italienischen Vorbildern entstandene Architektur größtenteils auf Entwürfen von Karl von Gontard beruht. 1830 wurde die ursprünglich barocke Plananlage durch Peter Josef Lenné neu gestaltet; die Originalbebauung aus dem 18. Jahrhundert ist nur noch an der Westseite erhalten.

den an seinen Ufern zahlreiche vornehme Bürgerhäuser und beeindruckende öffentliche Gebäude. Bald schon galt diese Wohnlage als eine der besten Adressen in der Stadt, obwohl dort mit einer erheblichen Geruchsbelästigung zu rechnen war. Der Kanal wurde nicht nur als Entwässerungsgraben und Transportweg genutzt, sondern es mußten auch auch sämtliche Abwässer von ihm

Denkmalpflegerische Diskussionsansätze
Zur Reparatur der Potsdamer Altstadt würde der wiedereröffnete Stadtkanal einen wesentlichen Beitrag leisten, da er als Originalsubstanz für die Wiedererlangung von Altstadtstruktur unerläßlich ist und mehrere Funktionen gleichzeitig erfüllen kann.

- Durch ihn erhält Potsdam sein typisches Städtebauelement Wasser zurück.
- In seinem Verlauf beschreibt er Stadträume und Maßstäbe, schränkt den motorisierten Individualverkehr ein und bildet einen unverzichtbaren Grüngürtel durch die Stadt.
- Verbunden mit seiner Wiederherstellung ist die drastische Reduzierung des Straßenprofils der Heinrich-Rau-Allee, der Yorck- und der Dortustraße.
- Seine technische Funktion als Regulator für einen gleichmäßigen Grundwasserspiegel ist für die größtenteils auf hölzernen Pfählen stehenden alten Gebäude lebensnotwendig.
- Im Abwassergetrenntsystem kann er wieder als Vorfluter für Regenwasser dienen.
- Der Platz der Einheit sollte im Norden wieder einen geschlossenen Block in den alten Baufluchten beschreiben.
- Die alten Trauf- und Firsthöhen der dreigeschossigen Bebauung sollten ebenso wie die Schaufassaden analog zu den historischen zum Platz hin entwickelt werden.
- Die einstige, den Platz umlaufende Doppelbaumreihe ist wiederherzustellen.
- In der Wilhelm-Pieck-Straße sollte eine Einzelhausstruktur erkennbar sein.

E. Die Speicherstadt
Leipziger Straße/Havelufer

Die Speicherstadt an der Havel, Teil der ältesten Potsdamer Vorstadt (Teltow), liegt unterhalb des 88 Meter hohen Brauhausberges, der einen besonders schönen Blick auf Potsdam bietet und daher stets beliebter Aussichtspunkt für Vedutenmaler war. Von 1515 bis 1770 dienten die Hänge des Berges dem Weinanbau und seine weitläufige Umgebung der Jagd; seit dem 17. Jahrhundert wurden dort auch zahlreiche Manufakturen angesiedelt. Zur Bezeichnung »Brauhausberg« kam es durch Friedrich Wilhelm I., der 1713 anordnete, das 1688 errichtete Kornmagazin zu einer Brauerei umzufunktionieren.
1844/45 ließ dann König Friedrich Wilhelm IV. das Magazin durch Ludwig Persius im

links:
Neue Fahrt

rechts:
Mühlenwerke

»Burgenstil« umbauen (Speicher 1, ehemaliges Proviantamt, Leipziger Str. 7/8).
Unmittelbar am Wasser gelegen ist das 1834/35 von Karl Hampel unter Mitwirkung von Karl Friedrich Schinkel entworfene Getreidemagazin. Verschiedene Bauten des 19. und 20. Jahrhunderts, darunter der Schlachthof und das Mühlenwerk, ergänzen das Gebiet zwischen Leipziger Straße und Havelufer.

Zwischen Altstadt und Teltower Vorstadt bestand die vermutlich älteste Verbindung über die Havel in Form einer hölzernen Zugbrücke, die 1822/25 durch einen massiven Neubau ersetzt und durch zwei Torhäuser nach einem Entwurf von Schinkel erweitert wurde. Sowohl die Brücke als auch die Torhäuser fielen dem Abriß zum Opfer, letztere beim Bau der neuen Langen Brücke 1958.

Heute sind die Speicher nur noch zum Teil genutzt, wobei das von Ludwig Persius 1843 umgebaute Proviantamt unter den erhaltenen Bauwerken als besonders charakteristisch angesehen werden muß.

Aus diesen Gebietsmerkmalen soll ein Bebauungs- und Nutzungskonzept entwickelt werden, das aus einer Mischung von Wohnen und Gewerbe besteht und dabei einen Bezug herstellt zwischen dem Potsdamer Zentrum und dem in landschaftlich reizvoller Lage angesiedelten neuen Regierungsviertel der Landeshauptstadt.

Bahngelände
und Betriebe

Denkmalpflegerische Diskussionsansätze

– Geschützte Bauten und Gebäude unter Denkmalverdacht sind zu erhalten und denkmalgerecht zu nutzen.
– Das System der Wege, Treppenanlagen und Aussichtspunkte am Brauhausberg ist in seiner Bedeutung aufzuwerten und in das Gesamtkonzept mit einzubeziehen.
– Durch die Zerstörungen des Krieges sind Teile des Stadtgrundrisses nicht mehr vollständig erhalten. Diese Teile sind wiederzugewinnen und räumlich erlebbar zu machen.

F. Hotel Potsdam, Lustgarten, Hinzenberg

Zur barocken Schloßanlage gehörte der Lustgarten. Mit dem Schloßneubau in der zweiten Hälfte des 17. Jahrhunderts wurde er nach Art holländischer Gärten mit Statuen angelegt und erstreckte sich zwischen der Orangerie, dem heutigen Marstall und der Havel. Schon nach 1713 jedoch ließ Friedrich Wilhelm I. den größten Teil dieses Gartens in einen Exerzierplatz umwandeln.

Nach 1744 schloß man den Garten zur Breiten Straße hin durch eine Mauer, die man mit vergoldeten Puttengruppen und Schäferszenen darstellenden Freskobemalungen schmückte. Der sich südlich bis zum ehemaligen Neptunteich (heute Freianlage des Interhotels) und westlich bis zu der neuen Mauer erstreckende Bezirk blieb als Exerzierplatz bestehen, während der südliche Teil bis zur Havel hin in Boskettbezirke mit Heckensalons und -kabinetten gestaltet wurde. Das Bassin erhielt in seiner Mitte eine plastische Gruppe mit Neptun und Amphitrite aus vergoldetem Blei, von der heute nur noch ein Triton (1788/93 in Sandstein ausgeführt) erhalten ist. 1818 schließlich nahm Lenné eine Umgestaltung des Lustgartens im Sinne eines Landschaftsparks vor.

Auf dem Gelände des ehemaligen Lustgartens liegen heute das Ernst-Thälmann-Stadion (um 1949), das Interhotel (Ende der 60er Jahre) und die beiden Fahrspuren der Langen Brücke, die nach Abriß des Stadtschlosses bis an die Wilhelm-Külz-Straße geführt wurden. Auf dem Freigelände hinter dem Interhotel befinden sich Bau- und Plastikteile des ehemaligen Stadtschlosses.

Zentrales Thema für die Rückgewinnung eines einheitlichen Stadtraumes sollte der Rückbau der Wilhelm-Külz-Straße sein, wobei maßstabvermittelnde Bauten die Beziehung zwischen dem Hotel-Baukörper und dem Marstall verbessern könnten. Die Frage nach dem Erhalt des Stadions an seinem jetzigen Standort müßte näher untersucht werden.

Denkmalpflegerische Diskussionsansätze

- Das Planungsgebiet ist aufzufassen als sehr bedeutend für die Stadtsilhouette und als vermittelndes Bindeglied zwischen Uferzone und Stadtschloßbereich mit der ehemaligen Breiten Straße.
- Der gesamte Bereich sollte als Gartenraum gefaßt werden.
- Die historische Lustgartenmauer ist in die Planung mit einzubeziehen.

G. Wasserstadt Nordseite, Zentrum Süd

Die erste urkundliche Erwähnung Potsdams aus dem Jahre 993 bezieht sich auf die östliche Randzone dieses Altstadtgebiets. Hier in »Potztupimi« siedelten bis zum ausgehenden 12. Jahrhundert Slawen. Dort wo sich ihre Burg befand, entstand in der ersten Hälfte des 18. Jahrhunderts die Heiliggeistkirche, deren Turm einen wichtigen Kompositionspunkt in der Stadtsilhouette darstellte. Nördlich des Burgwalls lag die slawische Siedlung, an deren Stelle sich heute die Reste der Potsdamer Stadtmauer aus dem 18. Jahrhundert und noch einige originale Gebäude des »Fischerviertels« (Große und Kleine Fischerstraße, Walter-Junker-Straße) befinden.
Der zwischen dem Alten Markt, dem Fischerviertel, dem Stadtkanal und der Alten Fahrt

links:
Heinrich-Rau-Allee,
Ladenpassage

rechts:
Uferweg an der
Alten Fahrt

Blick auf die
Nikolaikirche und
das Interhotel

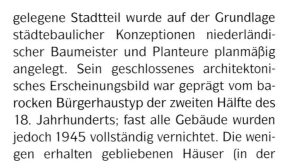

gelegene Stadtteil wurde auf der Grundlage städtebaulicher Konzeptionen niederländischer Baumeister und Planteure planmäßig angelegt. Sein geschlossenes architektonisches Erscheinungsbild war geprägt vom barocken Bürgerhaustyp der zweiten Hälfte des 18. Jahrhunderts; fast alle Gebäude wurden jedoch 1945 vollständig vernichtet. Die wenigen erhalten gebliebenen Häuser (in der

Burgstraße und in der Heinrich-Rau-Allee) lassen die ehemalige Bebauung noch erahnen. Auf der Trennlinie zwischen der Altstadt und der ersten Stadterweiterung verlief der ehemalige Stadtkanal. Mit seiner Zuschüttung und der Beseitigung aller Kanalbrücken verlor Potsdam ein stadtspezifisches Bauwerk und zugleich ein wesentliches Zeugnis niederländischen Einflusses auf die städtebauliche Entwicklung der ehemaligen Residenzstadt. Der ebenfalls nicht mehr existente Uferbereich südlich der Burgzone versinnbildlichte den Einfluß italienischer Baukunst auf die Potsdamer Architektur.

Nach der Zerstörung 1945 errichtete man auf diesen Abschnitten des Zentrums, nahe dem ehemaligen Stadtkanal, das erste Neubaugebiet in Montagebauweise mit Handelseinrichtungen und Gaststätten in den Erdgeschossen. Der freigehaltene Uferbereich an der Alten Fahrt diente als Promenade, Erholungs- und Spielfläche.

Gegenwärtig sind Vorschläge zur Verbesserung des Wohnumfeldes und zur Entwicklung der Uferpromenade erforderlich. Zur Verbesserung des Stadtraumes bedarf es baulicher Ergänzungen an der Stadtmauer und der ehemaligen Heiliggeistkirche, sowie im Bereich des alten Rathauses.

Denkmalpflegerische Diskussionsansätze

- Archäologische Grabungen im Umfeld des ältesten Siedlungskerns haben die Reste eines slawischen Burgwalls zu Tage gefördert. Weitere Grabungen sind zur Erforschung der Stadtgeschichte (1000-Jahr-Feier) geboten.
- Neuplanungen müssen auf diesen besonderen Standort entsprechend Rücksicht nehmen.
- Nach einer möglichen Beseitigung der Nachkriegsbauten ist dieses Stadtquartier auf sein historisches Grundmuster zurückzuführen.
- Die Dimensionierung der Bebauung des Stadtkanals muß sich an den historischen Größenverhältnissen orientieren.
- Die Stadtmauer ist freistehend zu erhalten und zu ergänzen.
- Im Zuge der Wiederherstellung des Stadtkanals sollte das Kellertor rekonstruiert werden, da es in enger Beziehung zum Stadtkanal steht.
- Es muß überprüft werden, ob angesichts der Rückführung in die ehemaligen Straßenstrukturen eine Ufergestaltung notwendig ist.

Zusammengestellt von Christel Kapitzki

Wohnbebauuung an der Uferpromenade Alte Fahrt

Große Fischer Straße, Reste der Potsdamer Stadtmauer (1722)

Anspruch auf historische Gleichwertigkeit

Giorgio Lombardi (r.)
und Clemens Kusch (l.)

Planungsgruppe
Prof. Giorgio
Lombardi,
Venedig
Giulio De Carli
Enrico Fontanari
Caterina Frisone
Clemens Kusch
Chiara Menato

Mitarbeiter
Angelo Di Ciancia
Georgio Pettenò

Vorbemerkungen

Für die Aufgabe, Ideen und Beiträge zur zukünftigen Form der Stadtmitte und des Entwicklungsgebiets südlich der Havel zu formulieren, haben wir folgende Arbeitsmethode gewählt: Ausgehend von allgemeinen Vorbemerkungen über die gesamte historische Stadtmitte, haben wir eine Studie der morphologischen Gestalt der Innenstadt erarbeitet, um dann die Prinzipien und Regeln der Neuplanung festzulegen. Anschließend werden wir uns mit der Problematik des zentralen Gebiets befassen, die im Vordergrund des Seminars steht.

In der Wahl der Planungsgebiete haben wir uns auf die zentralen Bereiche konzentriert und die Gebiete jenseits der Havel nicht mit einbezogen, in der Absicht, einen vollständigen und einheitlichen Vorschlag für das Gebiet zu präsentieren, das vom Fluß im Süden und vom Stadtkanal im Norden eingegrenzt wird.

Die Morphologie der Innenstadt

Entsprechend den verschiedenen Entwicklungsphasen gliedert sich die Stadtmitte Potsdams in drei Teile. Der historische Kern ist von der Havel und dem Stadtkanal eingegrenzt (Ursprung 1722); Stadtmauern umgaben ursprünglich das erste Entwicklungsgebiet nördlich des Stadtkanals (1722-1733); später entstand das zweite Entwicklungsgebiet jenseits der Stadtmauern um den Bassinplatz (1733-1753).

Seit dem 18. Jh. bis zum Zweiten Weltkrieg wurden in der Stadt neben diesen Erweiterungen mehrere Verschönerungs- und Verbesse-

rungsmaßnahmen durchgeführt: Fotos und historische Pläne bezeugen die außerordentliche Stadtgestaltung, das eindrucksvolle und abwechslungsreiche Stadtbild. Auf alten Stichen erkennt man die landschaftliche Dimension der Kuppeln und Kirchtürme, die mit den Schlössern in der Umgebung visuelle Beziehungen herstellen.

In der Innenstadt beeindruckt die Vielzahl der morphologischen Elemente. Die Stadtmitte, um das Stadtschloß herum, zeugt von der für das 18. Jh. bezeichnenden Fähigkeit, aristokratische und volkstümliche Merkmale mit Genauigkeit und Natürlichkeit miteinander zu verbinden, wie in einer Sinfonie von Haydn. Die auf dem Stadtplan topographisch scheinbar unsichere Position des Schlosses, zwischen dem Alten Markt, dem Schloßgarten und der Breiten Straße, ist in Wahrheit ein Beispiel architektonischer und städtebaulicher Gewandtheit. Durch sie ergibt sich eine Folge immer neuer städtebaulicher Räumlichkeiten, bei denen das Schloß stets Bezugspunkt bleibt. Die öffentlichen und privaten Bereiche, die Höfe des Fürsten, die Plätze für die Paraden und die bürgerlichen Spaziergänge, die Freizeiträume und Kulturstätten vernetzen sich zwischen den Säulen des Portikus und der Eisentore, die nicht so sehr trennen, sondern auf eine Folge von präzisen theatralischen Orten der Stadt hinweisen. Als Ausgleich zur städtisch dominanten Funktion des Schlosses stehen die drei Kirchen auf einer einzigen Achse, als Endpunkte und Einrahmung der Stadtmitte und als Beziehungspunkte für die Landschaft.

Alle fürstlichen, religiösen und militärischen Stätten befinden sich im südlichen Teil der Stadt, während der obere Teil bis zum Stadtkanal hauptsächlich von geschlossenen Häu-

Zufahrtsstraßen und
Innenstadtgebiet

Flächen-
nutzungsplan

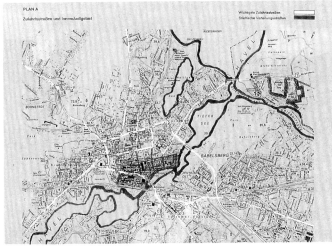

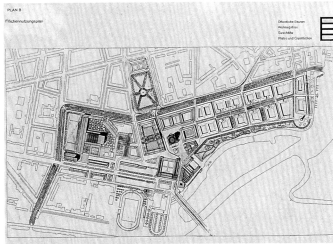

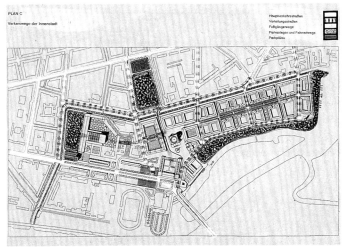

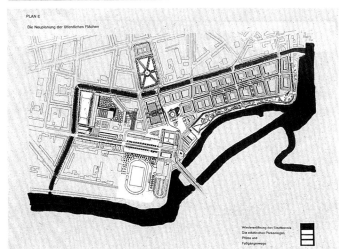

Verkehrswege der
Innenstadt

Die Neuplanung der
öffentlichen Flächen

41

serblöcken der bürgerlichen Stadt geprägt ist. Die Straßen dort säumt eine einheitliche Folge von Reihenbauten mit verschieden großen, geschlossenen Innenhöfen. Jenseits des Kanals liegen die Gebiete der beiden Stadterweiterungen aus den Jahren 1722 und 1733, die von großräumigeren Blöcken mit einer kontinuierlichen Häuserfront gekennzeichnet sind. Hervorragendes Beispiel für Gleichförmigkeit und Regelmäßigkeit ist hier das holländische Viertel. Öffentliche Beziehungspunkte sind die großen Platzanlagen: Der Wilhelmsplatz und der Bassinplatz.

Leitlinien für die städtebauliche Verbesserung der Innenstadt

Diese zusammenfassende Beschreibung der historischen Stadt beruht auf fotografischen und kartographischen Zeugnissen der Vorkriegszeit. Heute bietet sich dem Betrachter ein gänzlich anderes Bild: Die Zerstörungen des Krieges und die Neubauten der Nachkriegszeit haben die morphologische Struktur der Stadt grundsätzlich verändert, in den drei Teilen der historischen Stadt allerdings in unterschiedlichem Maße. Die äußere Stadterweiterung einschließlich des holländischen Viertels ist im großen und ganzen unverändert geblieben, die Baublöcke sind noch deutlich erkennbar, die Straßen entsprechen den historischen Wegen, und ein großer Teil der Bautypen existiert noch, wenn auch in erdenklich schlechtem Zustand. Die Erhaltungs- und Restaurierungsmaßnahmen dieser Stadtteile können mit den traditionellen Regeln der Stadterneuerung und Denkmalpflege durchgeführt werden wie:

– Restaurierung der traditionellen Bauten und typengerechte Nutzung
– Neubau in den Baulücken unter Beachtung der Größen und Typen.

Der Teil der Stadt zwischen der äußeren Stadterweiterung und der Heinrich-Rau-Allee ist in größerem Maße zerstört worden, nur einige Teile der historischen Stadt sind übriggeblieben. Die Neubauten zur Wiederherstellung der ursprünglichen Stadtgestalt können jedoch exakt bestimmt werden, da die ursprünglichen Straßen noch bestehen.

Die Festlegung der Leitlinien für die Neuplanung des historischen Teils der Stadt ist dagegen sehr viel komplizierter. Die Zerstörungen des Krieges, aber besonders die Neubauten der Nachkriegszeit haben dieses Gebiet in einem solchen Maß verändert, daß nicht nur die ehemalige Stadtstruktur und -form unkenntlich geworden, sondern auch der symbolische Wert des Stadtkerns verlorengegangen ist. Von den Monumenten der Stadt, die wichtige symbolische Beziehungspunkte darstellten – dem Schloß und den drei Kirchen (Nikolaikirche, Garnisonkirche und Heiliggeistkirche) –, ist nur die Schinkel-Kirche übriggeblieben; dies jedoch in einer stark veränderten Umgebung, die ihrem architektonischen und städtebaulichen Wert nicht gerecht wird. Der Ort, an dem sich einst die fürstliche, die kirchliche und die städtische Macht trafen, ist zu einer bloßen Straßenkreuzung, zur Peripherie geworden, in der die Schinkel-Kirche, umgeben von mittelmäßigen Wohn- und Geschäftsbauten, ohne jeden Bezug schwebt. Die Zerstörung des Schlosses ließ diesen Teil der Stadt zu einem formlosen Gebiet mit höchst schwachen und unsicheren Beziehungen werden. Mit dem Schloß und dem Alten Markt ging auch die klare Einfassung des

Lustgartens verloren; dadurch wurde die überdimensionierte, für das Stadtbild katastrophale Straßendurchquerung ermöglicht. Sowohl das erhaltene Stallgebäude als auch das Rathaus können in dieser Umgebung keine Beziehungen und keine Maßstäblichkeit mehr herstellen, da die Teile, mit denen sie verbunden und integriert waren, nicht nur zerstört, sondern auch in ihren Spuren ausgelöscht wurden.

Grundprinzipien der Neuplanung

Die ursprüngliche Stadt, die heute zu Unrecht einfach historische Stadtmitte genannt wird, weist allgemeine Regeln und einige räumliche Gesetze auf, die sich in verschiedenen Kulturen und Zeitepochen wiederholen. Diese Regeln kann man aus der dialektischen Beziehung zwischen Morphologie, Stadtgestalt und den Bautypen herauslesen. Sehr zusammenfassend läßt sich in der historischen Stadt unterscheiden zwischen der übergeordneten Rolle des symbolischen Raums – öffentlichen Plätzen und monumentalen Gebäuden, die die strukturierenden Orte der Stadt darstellen – und der zweitrangigen, untergeordneten Rolle der bürgerlichen Wohnbauten, die als Kontext und Halt der symbolischen Räume gelten.

In Potsdam wurden diese Prinzipien in der Nachkriegszeit vollkommen umgekehrt: Gebäude mit bedeutendem symbolischen Wert wurden ausgelöscht; die Umgebung, die Wohnbauten, haben diesen Wert erhalten. Auf solche Weise wurden der Reichtum und die unvergleichliche hierarchische Ordnung der historischen Stadt zerstört.

Die Neuplanung der Stadtmitte Potsdams muß sich mit dem Problem auseinandersetzen, wieder genaue hierarchische Beziehungen zwischen den Orten der historischen Stadt einzuführen. Die Wiedergewinnung des öffentlichen Raums und der symbolisch bedeutenden Gebäude hat dabei eine erstrangige Stellung einzunehmen.

Diese Herangehensweise erachten wir als notwendig und unerläßlich für jede Stadt; im Fall von Potsdam kann sie sich auf die historische Dimension des Ortes stützen, der noch reich an Zeugnissen der Vergangenheit ist, und auch auf den Willen der Bürger, der zerstörten Stadt nicht so sehr ihre alte Form wiederzugeben, sondern deren symbolische Gleichwertigkeit. Zu den bedeutenden Räumlichkeiten und Bauten, die wieder einzuführen sind, gehören das Schloß, die Garnisonkirche, die Heiliggeistkirche und der Stadtkanal. Durch diese oder gleichwertige Bauten muß die Form der historischen Stadt wiederhergestellt werden, indem auch die verlorene Hierarchie der Straßen und Plätze wiedergefunden werden muß. Ohne Funktionen und Formen der historischen Bauten vorzuschlagen, haben wir versucht, Gleichwertigkeiten zu schaffen, die den Bedürfnissen der Stadt Potsdam entsprechen:

- der Sitz des Landes Brandenburg am ehemaligen Standort des Schlosses
- eine neue Stadtbibliothek am früheren Standort der Garnisonkirche
- ein Aussichtsturm an der Stelle der Heiliggeistkirche
- das neue Theater unter Einbeziehung des Langen Stalls.

(Mit der Festlegung dieser symbolischen Schwerpunkte werden die Orte der Stadt wieder zu einer hierarchischen Ordnung geführt, die dem historischen Stadtplan entspricht.)

– Wiedereröffnung des Stadtkanals und damit Wiederherstellung der Wassergrenze der Altstadt
– Neuplanung der Verkehrswege, wobei einer Ost-West-Durchquerung gegenüber der Nord-Süd-Durchquerung der Vorzug gegeben wird
– Wiederherstellung der Plätze und Parks in der historischen Form; für die Plantage und für den Wilhelmsplatz nach den Entwürfen von Peter Joseph Lenné und in entsprechender Weise für den Lustgarten.

Aufmerksamkeit verdient neben der Wiederherstellung der Monumente und der öffentlichen Plätze vor allem auch die Neuplanung des Wohnungsbaus. Die entsprechenden Maßnahmen beziehen sich auf mehrere Bauten in der Stadtmitte, die zum großen Teil in der Nachkriegszeit entstanden sind.

Die Erhaltung dieser Bausubstanz ist sehr problematisch, auch dort wo man wie zwischen der Heinrich-Rau-Allee und der Alten Fahrt eine Erhaltung in Betracht ziehen könnte. Der Bautypus ist für die Innenstadt absolut ungeeignet, die Qualität der Bauweise unzulänglich und die Beziehung zur Stadtmitte ebenso unzureichend. Daher ist es nicht möglich, eine Neuplanung dieses Stadtteils zu umgehen, auch wenn der Wiederaufbau eine längere Zeitspanne in Anspruch nehmen wird.

Das Ziel der Neuplanung soll sein, in der Innenstadt eine kompakte Form wiederzugewinnen und den Freiflächen einen städtischen Charakter zu geben.

Wiederum geht es uns nicht um einen getreuen Nachbau der Straßen und Wohnbauten, vielmehr sind wir auch hier dem Prinzip der Analogie gefolgt und haben nach Möglichkeit den vorhandenen Baubestand mit einbe-

zogen. Dort wo es wichtig war, die bestehende Stadt zu verändern, weil die heutige Situation in einem zu offensichtlichen Gegensatz zur historischen Stadt steht, haben wir neue Bautypen vorgeschlagen, die durchaus mit der historischen Stadt kompatibel sind, zugleich aber neue räumliche Folgen und Wege aufzeigen, die es in der Stadt der Vorkriegszeit nicht gab. Eines der Hauptmerkmale der Neuplanung der Verkehrswege ist die Schaffung einer Folge von verkehrsfreien öffentlichen Plätzen, die von denjenigen neuen oder bestehenden Gebäuden umgeben sind, die die wichtigsten öffentlichen Funktionen erfüllen: dem Sitz der Stadt- und Landesverwaltung, den Kulturgebäuden, dem Theater und der Stadtbibliothek. Schwerpunkt dieser Anlage ist die Neuplanung des Alten Marktes und einiger der Gebäude, die ihn umgeben. Dieser Platz soll auch als Beziehungspunkt für die weiteren Projekte gelten. Der Alte Markt selbst ist der Mittelpunkt eines Fußgängerweges, der den Platz in Richtung Norden mit dem Platz der Einheit verbindet; in Richtung Westen führt der Weg durch eine Passage über den Platz des Neuen Marktes und endet an der Plantage. Auf seiner gesamten Länge sind Geschäfte, Cafés und Gaststätten vorgesehen. Weitere Fußgängerwege führen am Kanal und am Flußufer entlang.

Ein weiteres Ziel der Neuplanung von Verkehrswegen in der Stadtmitte ist, der Ost-West-Verbindung gegenüber der Nord-Süd-Verbindung deutlich den Vorzug zu geben. Durch die Wiederöffnung des Stadtkanals wird die Möglichkeit der Nord-Süd-Verbindung und damit der Durchquerung der Innenstadt stark reduziert.

Grundsätzlich wurden für die funktionelle Anpassung der Verkehrswege, der öffentlichen

Verbindungen und der Zufahrtsstraßen Lösungen favorisiert, bei denen die Beziehung – außer in einigen unbedeutenden Ausnahmefällen – zum historischen Stadtplan klar ist.

Die Planungsgebiete

Alter Markt

In diesem Gebiet verbinden sich verschiedene Planungsthemen: die Wiederherstellung der historischen Baublöcke und Volumen, der Neubau am Standort des zerstörten Schlosses, die Schließung des Platzes zum Fluß hin und die Verkehrswege.

Vorrangiges Ziel des Entwurfs ist die einheitliche Wiederherstellung dieses Stadtteils, wobei die erhaltenen monumentalen Gebäude mit den Neubauten eine historisch korrekte Beziehung wiederfinden sollen:

– An der Stelle des Schlosses ist ein Gebäude vorgesehen, das Sitz der Landesregierung und des Parlaments Brandenburg sein wird. Die Form des Baus orientiert sich an der ursprünglichen Form des Schlosses, ist jedoch an der Südseite kürzer und endet mit einem geschlossenen Block an der Verlängerung der Wilhelm-Külz-Straße. An der Nordseite, am Alten Markt, ist das Gebäude offen, und zwei Ausläufer schließen den Innenhof, ebenso wie an der Ostseite die Straßenfront.

– An der Havel erfolgt die Schließung des Platzes durch eine Bebauung des Ufers bis dorthin, wo ehemals der sogenannte »Palazzo Barberini« stand. Ein quadratischer Bau schließt den Baublock und bildet den Fluchtpunkt der Wilhelm-Külz-Straße. In diesem Neubau soll neben weiteren Büros auch der Plenarsaal des Landesparlaments Platz finden, von dem aus man auf den Fluß und die Freundschaftsinsel blickt. Das Ufer ist zum Wasser hin abgestuft und endet an der Ostseite an einem quadratischen Platz, der sich zum Wasser hin öffnet und von einem L-förmigen Bau auf zwei Seiten, an der Ostseite vom Anfang des Uferparks eingerahmt wird.

– Durch die Neubauten wird die Nord-Süd-Verbindung stark eingeschränkt, so daß die Zufahrt zum Alten Markt nur öffentlichen Verkehrsmitteln wie der Straßenbahn vorbehalten ist.

– An der Wilhelm-Külz-Straße sind die Zufahrten zu zwei großen Tiefgaragen vorgesehen, die sich unterirdisch zwischen dem Stadion, dem Stall und dem neuen Landtag befinden.

– Der Baublock zwischen der Wilhelm-Külz-Straße und der Bauhofstraße wird geschlossen, um so wieder die ursprüngliche Straßenfront nachzubilden.

– Die Baublöcke um die Nikolaikirche werden nach dem historischen Grundriß mit dreigeschossigen Büro- und Geschäftshäusern nachgebaut. In der Mitte des Blocks, zwischen dem Platz und der Friedrich-Ebert-Straße, soll eine Galerie entstehen, die den Platz mit der Fußgängerstraße verbindet, die zum Neuen Markt führt und in den Innenhöfen Zugang zu Geschäften und Gaststätten bietet.

Neuer Markt und Plantage

Trotz der starken Zerstörungen und Veränderungen in der Nachkriegszeit, insbesondere durch den Abriß der Garnisonkirche, ist die-

Lageplan

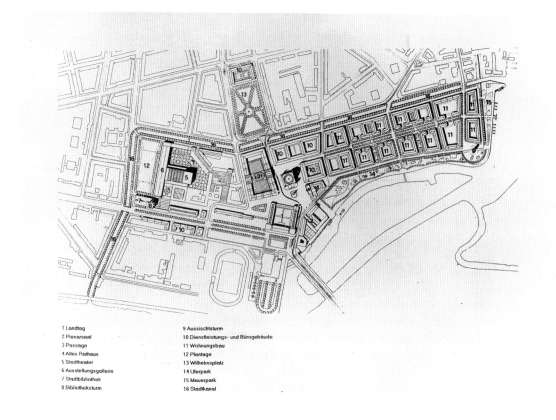

1 Landtag
2 Plenarsaal
3 Passage
4 Altes Rathaus
5 Stadttheater
6 Ausstellungsgallerie
7 Stadtbibliothek
8 Bibliotheksturm

9 Aussichtsturm
10 Dienstleistungs- und Bürogebäude
11 Wohnungsbau
12 Plantage
13 Wilhelinsplatz
14 Uferpark
15 Mauerpark
16 Stadtkanal

PLAN D
Die monumentalen Bauten

1 Landtag und Plenarsaal
2 Rathaus
3 Nikolaikirche

4 Stadttheater
5 Bibliothek
6 Aussichtsturm

Die monumentalen
Bauten

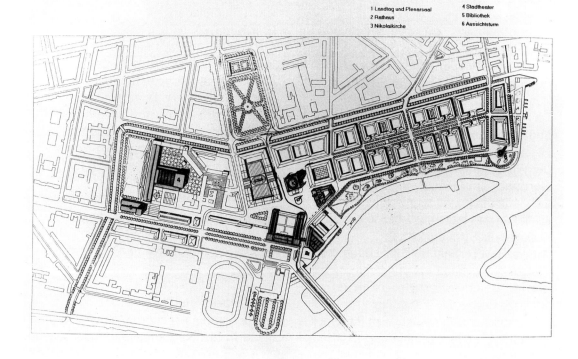

Theaterplatz

Potsdamer Stadtsilhouette
1991

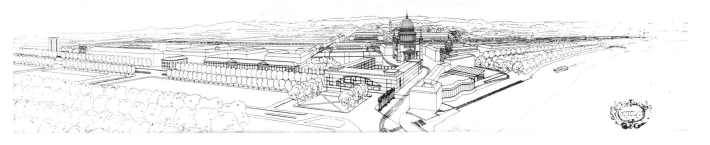

ses Gebiet der Stadtmitte um den Neuen Markt mit einer Anzahl von historischen Bauten noch relativ gut erhalten.

Im Gesamtplan für die Stadtmitte sind hier einige wichtige öffentliche Bauten vorgesehen, wie das Stadttheater, das im Krieg zerstört und nicht wieder aufgebaut wurde, und auch die Stadtbibliothek, die von der jetzigen unbefriedigenden Position verlegt wird.

Das neue Theater entsteht an der Stelle einiger Gebäude, die abgerissen werden sollten, neben dem Gebäude, das an die Stelle des zerstörten Reitstalls tritt. Dieser Bau ist mit einem langen Portikus geplant, der sich zur Seite der Plantage hin öffnet. Hier sollen im Parterre Geschäfte entstehen, während im ersten Stock eine lange Ausstellungsgalerie Platz finden kann wie auch Büros für das Theater. Von dem Portikus hat man im nördlichen Teil der Plantage Durchgang zu den Innenhöfen, die die Plantage mit dem Neuen Markt verbinden. Diese Höfe können auch wieder Marktfunktion aufnehmen.

Die monumentale Fassade des Langen Stalls führt zum Eingang des Theaters, dessen Foyer Zugang zu zwei Theatersälen bietet: einem kleineren Saal, auch als Konzertsaal oder Konferenzraum zu nutzen, und dem Hauptsaal für die großen Aufführungen.

Vor der antiken Stallfassade und dem neuen Theaterfoyer entsteht ein kleiner Platz, auf dem sich die Besucher des Theaters vor und nach der Vorstellung treffen können.

Die Plantage schließt an der Südseite mit dem neuen Bibliotheksbau, der an Stelle des jetzigen Gebäudes geplant ist. Ein niedriger Bau, mit Blick auf die Plantage, ist für die Lesesäle und Büros vorgesehen. An der Stelle der Garnisonkirche, genauer noch der des Glockenturms, soll ein Bibliotheksturm entstehen,

der der Aufbewahrung von Büchern und der Unterbringung kleinerer Lesesäle dient. Auf diese Weise wäre auch die Funktion der Landmarke wiederhergestellt, die die Garnisonkirche in Potsdam erfüllte.

Für den Platz der Plantage wie auch für den Platz der Einheit gilt der Entwurf von Joseph Peter Lenné als Gestaltungsvorlage.

Die Baulücken des Neuen Marktes, dessen Schließungsgebäude zum großen Teil noch erhalten sind, werden mit Gebäuden komplettiert, die im Maßstab und in der Form den ursprünglichen Bauten entsprechen.

Zwischen der Wilhelm-Külz-Straße und der Seelenbinder Staße wird die Substitution des bestehenden Gebäudes durch einen Neubau vorgeschlagen, der am neuen Theaterplatz endet, maßstäblich den ursprünglichen Bauten entspricht und zur neuen Definition der wichtigen Zugangsstraße beiträgt.

Der Stadtkanal
und der Platz der Einheit

Die Wiedereröffnung des Stadtkanals ist die erste Maßnahme für eine geringere Verkehrsdurchquerung der Altstadt und wird Orientierungspunkt für die Neuorganisation der Verkehrswege.

Die Ufer des Stadtkanals erhalten so die wichtige Funktion der Fußgängerwege, mit denen die verschiedenen Plätze untereinander und mit dem Havelufer verbunden werden. Der Kanal schließt die Altstadt wieder in den ursprünglichen Wassergrenzen ein.

Eine Ausgrabung des zugeschütteten Kanals, dessen Einfassungsmauern in gutem Zustand ca. 40 cm unter der jetzigen Straßenebene liegen, ermöglicht eine geschichtsgetreue Rekonstruktion. Der Querschnitt des Kanals gibt so eine Gesamtbreite von 44,7 m vor; der

Kanal selbst ist 12,2 m breit, vom Ufer bis zur Häuserfront sind es auf beiden Seiten 16,25 m, von denen je 4,55 m auf die Uferwege entfallen. In der Neuplanung wird mit der konstanten Breite des Kanals und der Fußgängerwege gerechnet, die von der Straße durch eine Baumreihe getrennt sind.

Die Straßenebene selbst liegt 40 cm über dem Ufer und ist durch eine kleine, geneigte Stein- oder Grünfläche mit ihm verbunden. Der Straßenverkehr läuft auf den beiden Seiten des Kanals jeweils in eine Richtung. An der Nordseite wird die Straßenbahnlinie vom Platz der Einheit bis zur Berliner Straße wieder am Kanal entlang führen. Ein Fahrradweg ist auf der gesamten Kanallänge vorgesehen; die Brücken erhalten in Verbindung mit den neugeplanten Verkehrswegen wieder ihre historische Lage. Ihre Eisengeländer aus dem 18. Jh. sollen rekonstruiert werden.

Der Vorschlag für den Platz der Einheit bedeutet eine Realisierung des Projekts von Joseph Peter Lenné. Der Platz wird über eine Brücke mit dem Alten Markt verbunden, und die Straßenbahn wird den Platz umfahren. An der Nordseite ist ein Neubau vorgesehen, der die Häuserfront an der Wilhelm-Pieck-Straße abschließt, während der Bau auf der Platzseite offen bleibt und für Geschäfte genutzt werden kann.

Die Wasserstadt Nordseite

Dieser Stadtteil ist heute von Bauten geprägt, deren Realisierung in der Nachkriegszeit begonnen wurde. Das Wohnviertel, das durchaus homogenen Charakter besitzt, wurde jedoch entgegen dem historischen Grundriß erbaut. Die historischen Straßen wurden unterbrochen, die Straßenfront am Kanal ist zurückgetreten und das Flußufer als Park ange-

legt. Im heutigen Zustand erkennt man den Kontrast dieses Stadtteils in unmittelbarer Nähe zum Alten Markt besonders deutlich an folgenden Stellen: entlang des Kanals, an der Flußseite, den freien Flächen und am Fehlen der Heiliggeistkirche, die einst die Stadt an der Ostseite begrenzte.

Unser Vorschlag sieht die gesamte Neuplanung des Gebiets vor; sie läßt den historischen Grundriß zwar nicht außer Betracht, bildet ihn jedoch in diesem Fall nicht unverändert nach. Durch die vollständige Ersetzung des Baubestands sollen die ehemaligen Grenzen des Stadtteils wieder erkennbar, dem Wohnviertel erneut ein Stadtcharakter gegeben und die direkte Beziehung zur Altstadt wieder hergestellt werden. An der Kanalseite wird eine geschlossene Bebauung geplant, die der historischen Aufteilung entspricht, während zur Flußseite eine breite interne Straße Durchblick auf die Freundschaftsinsel ermöglicht.

Nur die Häuserblöcke, die die Nikolaikirche umrahmen und für Mischnutzungen wie Wohnungen und Büros vorgesehen sind, bleiben ganz geschlossen, während sich die anderen Baublöcke auf die interne Straße öffnen. So sollen auch die Innenhöfe als öffentliche Grünflächen und als Zugang zu den Wohnungen genutzt werden. Parkplätze befinden sich entlang den Straßen und in Tiefgaragen. An der Flußseite bleibt die Grünfläche erhalten, wird jedoch durch eine Straße von der Häuserfront getrennt. Eine doppelte Baumreihe ersetzt die ursprüngliche Häuserzeile.

Durch die Wiederöffnung der ehemaligen Burgstraße erhält die in Baublöcke aufgeteilte Häuserfront zur Flußseite hin ihren ursprünglichen Stadtcharakter. Die Verbindung der Berliner Straße mit der Langen Brücke erfolgt nicht mehr direkt über eine Straße, die den Stadtteil diagonal durchquert, sondern über eine Straße, die von der Kanalbrücke im rechten Winkel zum Fluß führt und dort in der neuen Burgstraße endet. Diese Maßnahme dient dem Ziel, im gesamten Innenstadtbereich zwischen Kanal und Fluß den Autoverkehr stark zu verringern.

Am Ende der Burgstraße könnte am Standort der zerstörten Heiliggeistkirche der geplante Aussichtsturm ein weiteres Glied im Netz der Blickverbindungen der Stadt und ihrer Umgebung darstellen.

An den Ruinen der alten Stadtmauer ist ein kleiner Park vorgesehen, so daß die Mauer in einen grünen Gürtel eingefaßt wird, der dieses historische Zeugnis aufwerten soll. Gleichzeitig könnten dort auch Bootsanlegestellen und eine kleine Gaststätte entstehen.

Größenordnungen

Planungsgebiet A – Alter Markt

Gesamtfläche des Planungsgebietes	98.000 m²
Abriß	122.000 m³
Gesamtrauminhalt des Entwurfs	308.000 m³
Bedeckte Oberfläche	25.000 m²
Nutzbare Bruttofläche	101.000 m²
– Stadtverwaltungsbüros	38.000 m²
– Büros und Dienstleistungen	63.000 m²
Parkplätze (unterirdisch) für ca. 2250 Fahrzeuge	45.000 m²
Plätze und Grünflächen (ohne Lustgarten und Stadion)	13.000 m²

Planungsgebiet C – Neuer Markt und Plantage

Gesamtfläche des Planungsgebietes	85.000 m²
Abriß	112.000 m³
Gesamtrauminhalt des Entwurfs	150.000 m³
Bedeckte Oberfläche	18.300 m²
Nutzbare Bruttofläche	45.000 m²
– Stadtverwaltungsbüros	30.000 m²
– Büros und Dienstleistungen	15.000 m²
Parkplätze (unterirdisch) für ca. 500 Fahrzeuge	10.000 m²
Grünflächen	14.000 m²

Planungsgebiet D – Neubau im Norden des Platzes der Einheit

Gesamtfläche des Planungsgebietes	6.000 m²
Abriß	9.500 m³
Gesamtrauminhalt des Entwurfs	19.000 m³
Bedeckte Oberfläche, Nutzbare Bruttofläche	6.400 m²
Parkplätze (unterirdisch) für ca. 600 Fahrzeuge	12.000 m²
Grünflächen	1.800 ²

Planungsgebiet G – Wasserstadt Nordseite, Zentrum Süd

Gesamtfläche des Planungsgebietes	120.000 m²
Abriß	190.000 m³
Gesamtrauminhalt des Entwurfs	337.000 m³
Bedeckte Oberfläche	34.000 m²
Nutzbare Bruttofläche	112.500 m²
– Wohnungsbau	92.000 m²
– Büros und Dienstleistungen	14.000 m²
– Geschäfte, Parkplätze (unterirdisch) für ca. 600 Fahrzeuge	12.000 m²
Grünflächen	31.000 m²

Architekturentwürfe für eine Stadtidee

Die Altstadt als Stadtmitte

Von der Architektur zum Städtebau: die Umkehrung des üblichen Ablaufs des Stadtplanungsprozesses ist das methodische Kennzeichen unseres Beitrags zur Vorbereitung städtebaulicher und baulicher Wettbewerbe im zentralen Bereich der Landeshauptstadt Potsdam.

Die bürgerliche und kulturelle Qualität der Architektur soll explizit und einheitlich als die Zielvorstellung der verschiedenen städtebaulichen Planungen festgelegt werden, um mögliche unglückselige Folgen zu vermeiden.

Das von unserem Vorschlag betroffene Gebiet entspricht dem gesamten Altstadtbereich bzw. Potsdams Mitte nach den Stadterweiterungen des 18. Jahrhunderts.

Die Bomben des letzten Krieges und mehr noch der moderne Anspruch auf die autogerechte und der sozialistische auf die originalneue Stadt löschten wichtige Zeichen früherer Baukultur aus: Weitläufige Verkehrsanlagen und nichtssagende, standardisierte Zeilen- und Hochhäuser ersetzten symbolreiche Architekturzeugnisse einer gehaßten Epoche, straßen- und platzbezogene Bürgerhäuser.

Das Streben, in diesem städtebaulichen Ödraum Potsdams Mitte wiederzubegründen, kann nicht einfach durch die Reproduktion der ehemals vorhandenen Altstadt erfüllt werden: Das Ergebnis wäre sehr wahrscheinlich eine rein formalistische Alternative zu der heutigen sozialistischen Stadt, eine Art künstliches Gegenbild.

Der von Nostalgie angerufenen Reproduktion wird ein geschichtsbewußter, nach vorn gerichteter Blick entgegengesetzt, ein Blick hin auf das von Schinkel klar bezeichnete »Neue, welches im Stande ist, eine wirkliche Fortsetzung der Geschichte zu bilden und weiter zuzulassen«.

Die drei historischen Orte der Altstadt: Alter Markt, Am neuen Markt/Plantage und Wasserstadt-Nordseite werden als jeweils eigenständige stadtzentrale Schwerpunkte charakterisiert.

Eine präzise Definition der Ortsabgrenzungen – der Stadtmitte als Ganzes und ihrer Bestandteile – ist das »erste« Zeichen unseres Entwurfs.

Die Wiedereröffnung des Stadtkanals, wo und wie er war, stellt zugleich eine vollkommene Wassereinrahmung der Stadtmitte her.

Franco Stella
erläutert seinen Entwurf

Alter Markt als Stadtforum

Eine neue Wassereinfassung (ein fünf Meter breiter Wassergraben) begrenzt und hebt den als Stadtforum entworfenen Mittelpunkt hervor.

Durch den Abriß der die imponierende Schinkelkirche bedrängenden Siebziger-Jahre-Bebauung und durch die Errichtung eines neuen Gebäudes für die Landesregierung entsteht eine Piazza mit zwei freistehenden Monumenten – der Nikolaikirche und dem Landtagspalast.

Diese an zahlreiche Beispiele der antiken Stadt erinnernde »offene« Piazza verleiht den symbolreichsten politischen und religiösen Gebäuden der Stadt eine besondere Hervorhebung.

Projektgruppe
Prof. Franco Stella,
Vicenza
Aldo De Poli

Mitarbeiter
Valter Balducci
Michelangelo
Zucchini

Sie präsentiert sich als eine rechteckige gepflasterte Fläche von 200 m Länge und 150 m Breite: Die westliche und östliche Grenze stimmen mit alten und noch vorhandenen Straßen und Baufluchtlinien überein; die südliche wird von einer neuen Straße und von dem Park am Fluß festgelegt; die nördliche reicht bis zum Stadtkanal. Bedeutende Bauten des 18. Jahrhunderts, das palladianische Alte Rathaus und das sogenannte Knobelsdorffhaus, werden durch repräsentative Nutzungen aufgewertet; die übrige neuzeitliche Bebauung der östlichen Front wird ersetzt.

Die Nikolaikirche stellt eine Kombination von elementargeometrischen Formen dar: der 27 m hohe Kubus der Aula, der 18 m hohe Zylinder der Trommel, die Hemisphäre der Kuppel. Sie bezeugt die Schinkelsche Architekturidee, derzufolge eine Verbindung zwischen dem Streben nach dem Neuen und der Tradition geschaffen werden kann, wenn der Charakter des Bauwerks klar herausgearbeitet wird.

Sie sollte etwas Neues sein, nicht nur um sich von den derzeitigen protestantischen Kirchenbauten zu unterscheiden, sondern da im allgemeinen »jedes Kunstwerk etwas ganz Neues enthalten muß, sei dies Neue in ihm auch so geringe und nur von dem feinsten Sinn bemerkbar«.

Sie sollte den Charakter einer Kirche ausdrücken, nicht nur um sich in der unmittelbaren Nachbarschaft von Schloß und Rathaus zu behaupten, sondern da im allgemeinen gilt: »Die Hauptforderung bei jedem Werk der Darstellung ist Character. Mit möglichster Treue das darzustellen was es darstellen soll. Mit der Wahrheit seines Characters wächst sein Werth, so wie mit dem Verschwinden der Wahrheit sein Werth verschwindet. Trägt ein Gegenstand den höchsten Character seiner Gattung so ist er Ideal dieser Gattung«.

Ein authentisches neues Bauwerk soll sich daher mit den exemplarischen Beispielen der Tradition ohne zeitliche und räumliche Grenzen verbinden: Im Fall der Nikolaikirche, für den Typus der Kreuzkuppelkirche, gab es schon eine Ideenskizze von Friedrich Gilly; für die Kuppel läßt sich auf St. Paul's in London und auf das Pantheon in Paris verweisen; für die Thermenfenster auf Palladios Kirchenbauten. Der vorgeschlagene Landtagspalast ist ein 120 m langgestrecktes Gebäude mit gerundeten Kopfseiten: Seine Breite beträgt 27 m, seine Höhe 24 m an der Traufe, 33 m am First und ist mit der Würfelhöhe der Nikolaikirche vergleichbar. Der Palast stellt sich in die Achse des verlorenen Stadtschlosses, orthogonal zur Breiten Straße, und bildet einen schrägen perspektivischen Hintergrund für die Nikolaikirche. Die architektonischen Eigenschaften seines Erscheinungsbildes: seine kompakte und einheitliche Beschaffenheit, die zwei überlagerten gigantischen Ordnungen über jeweils drei Geschosse, das Dach als eine hervorragende Gesamtkrönung, die Durchgänge, die weiten Fensteröffnungen und die steinernen Lisenen betonen, was der Landtagspalast »darstellen« soll, nämlich den Charakter eines öffentlichen Gebäudes.

Zum Abriß vorgesehene
Bauten (schraffiert)
Massenplan

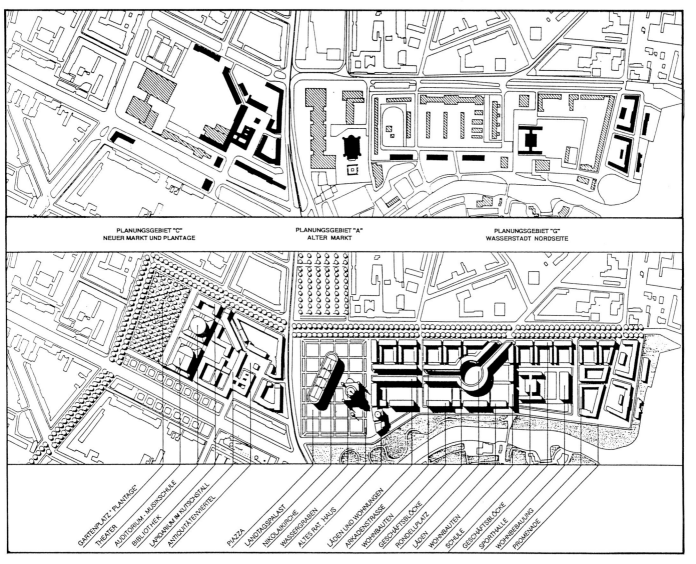

PLANUNGSGEBIET "C"
NEUER MARKT UND PLANTAGE

PLANUNGSGEBIET "A"
ALTER MARKT

PLANUNGSGEBIET "G"
WASSERSTADT NORDSEITE

GARTENPLATZ · PLANTAGE
THEATER
AUDITORIUM, MUSIKSCHULE
BIBLIOTHEK
LAPIDARIUM IM KUTSCHSTALL
ANTIQUITÄTENVIERTEL
PIAZZA
LANDTAGSPALAST
NIKOLAIKIRCHE
WASSERGRABEN
ALTES RAT' HAUS
LÄDEN UND WOHNUNGEN
ARKADENSTRASSE
WOHNBAUTEN
GESCHÄFTSBLÖCKE
RONDELLPLATZ
LÄDEN
WOHNBAUTEN
SCHULE
GESCHÄFTSBLÖCKE
SPORTHALLE
WOHNBEBAUUNG
PROMENADE

Massenplan des gesamten
Planungsgebietes

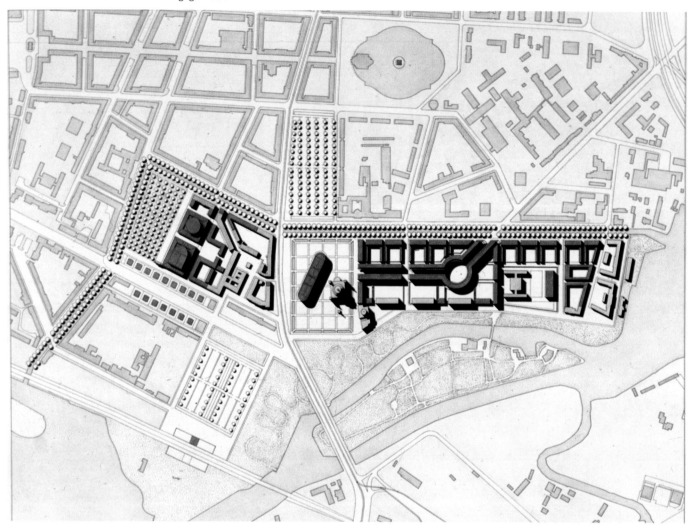

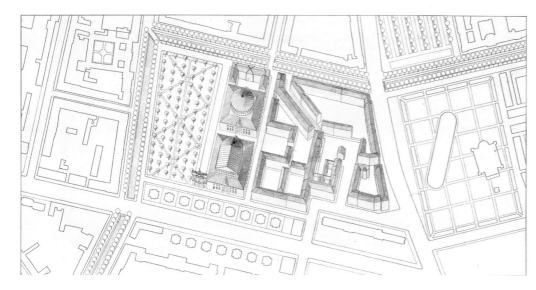

Der Theaterhof am
Neuen Markt

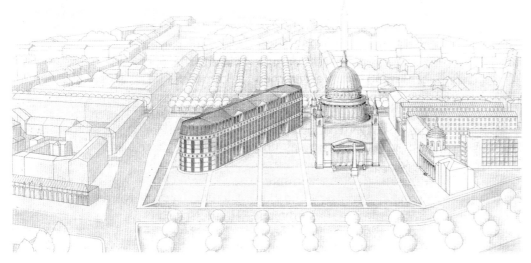

Das Stadtforum
mit dem neuen
Landtagspalast am
Alten Markt

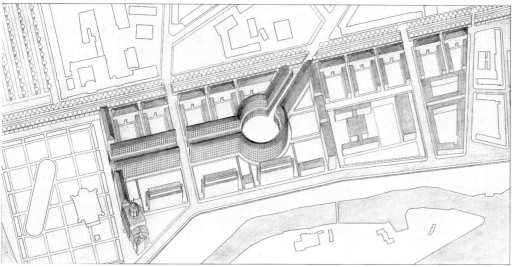

Die Arkadenstraße
an der Wasserstadt-
Nordseite

Neuer Markt/Plantage als Kulturviertel

Ein reduzierter und vom Durchgangsverkehr befreiter Straßenraum nähert das westliche zentrale Gebiet Neuer Markt/Plantage dem Stadtforum an. Vierzig Jahre Verwahrlosung haben in diesem Stadtteil die von Georg Hermann schon 1926 beschriebene »Stimmung der gefrorenen Zeit« konserviert und noch verstärkt.

Seine räumliche Geschlossenheit ist – trotz einiger Baulücken, des Verfalls vieler Häuser und der den historischen Wert nicht berücksichtigenden Nutzungen – im wesentlichen noch vorhanden.

Die Aufwertung dieses Stadtviertels zu einem attraktiven Kulturzentrum wird hauptsächlich durch den Neubau eines Theaterhofes und die Umgestaltung der Plantage als öffentlichem Gartenplatz verfolgt. Dies sollen unterschiedliche Maßnahmen erreichen, die den historischen Charakter dieses Ortes erhalten bzw. weiterentwickeln: die Ergänzung der vorhandenen straßen- und platzbildenden Bebauung mit Umnutzung der meisten Erdgeschosse als Antiquitätenläden, Gaststätten, Cafés; im Neubau die Einbeziehung von Hotels; die Anlage des Lapidariums im Kutschstall und die Sicherung eines öffentlichen Durchgangs; die Unterbringung der Stadtbibliothek im barocken Brockeschen Haus. Die südliche Abgrenzung, die als »sozialistische Magistrale« weitläufig ausgedehnte, historisch kurfürstliche Zugangsallee, wird mittels einer Reihe von Stadtvillen auf beiden Straßenseiten in ihr tradiertes Profil zurückgebracht.

Der Theaterhof stellt sich als eine Komposition zweier ähnlicher Baublöcke vor, die mehrere Säle beherbergen. Ein zentraler Saal für das Theater selbst wird von einem Konzert- und Konferenz-Auditorium flankiert sowie von den Räumen einer Musikhochschule. Die äußeren dreigeschossigen Baukörper haben eine von der umliegenden Bebauung abgeleitete Höhe; die Haupträume des Saales und des Bühnenturms sind zusammengefaßt in einem einzigen hervorgehobenen Baukörper. Die zwei gegenüberliegenden Hauptfronten bilden in der Form eines tempelähnlichen Vorbilds das westliche Tor der Stadtmitte, an der Stelle des planmäßigen Endes der eigentlichen Altstadt des 17. Jahrhunderts.

Von diesem Tor reicht eine kontinuierliche Folge von Plätzen bis zum Stadtforum.

Die Wasserstadt-Nordseite als Handelsviertel

Ein ganz neues, heterogenes Wohnviertel aus Zeilenbauten hat in der Nachkriegszeit eine herkömmliche städtische Struktur ausgelöscht. Ihre geringe urbane und bauliche Qualität berechtigt eine weitgehende Umgestaltung.

Mit dem Ziel einer effektiven Einbeziehung dieses Gebietes in die künftige Stadtmitte schlagen wir neben der gewöhnlichen Wohnfunktion den Aufbau eines Schwerpunktes von Handel und Geschäften vor. Die architektonische Darstellung dieser Hauptfunktion vertrauen wir, inmitten eines umfangreich erneuerten Wohnviertels, einer Arkadenstraße mit einem Rondellplatz an. Die gegenüberliegenden identischen Gebäude haben sechs Geschosse, drei hinter den Arkaden für Läden

Perspektivische
Gesamtansicht

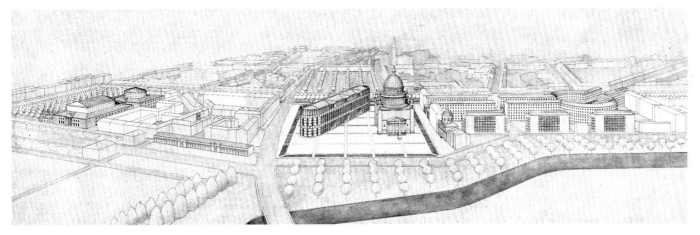

und Büros und drei über den Arkaden für Wohnungen. Die Straße ist 15 m breit; der Platz hat einen Durchmesser von 50 m.

Aus der Wechselwirkung von exemplarischen Vorbildern für dieses architektonische Thema, z. B. der Weinbrennerschen Langen Straße in Karlsruhe und bedeutenden Potsdamer Gegebenheiten, wird ein neuer Ort geschaffen.

Die nichtorthogonalen Segmente der Arkadenstraße rufen wichtige zerstörte Straßenräume wie die Kirchstraße und die Berliner Straße wieder ins Leben. Der Rondellplatz bildet den prächtigen Drehpunkt einer symbolischen Verbindung des Potsdamer Stadtforums mit Berlin. Die Kopffront der Arkadenstraße am Stadtkanal bildet das östliche Tor der Stadtmitte.

Die gesamte Arkadenstraße ist Bestandteil einer durchgehenden Fußgängerachse der Stadtmitte, von der Plantage über das Stadtforum bis zur Berliner Straße.

Am Stadtkanal wird die vorhandene Bebauung von einer Reihe hofartiger Stadthäuser ersetzt. Das Vorderhaus erreicht die Höhe der Arkadenstraße; die Fassaden präsentieren Variationen eines gestalterischen Grundmotivs; die Querflügel sind dreigeschossig. In den Erd- und unteren Geschossen befinden sich Läden und Büros, in den oberen Wohnungen.

Die vorhandene südliche und westliche Bebauung wird überwiegend erhalten bzw. als Bestandteil der neuen urbanen Ordnung ergänzt.

Eine neue, südlich gelegene Straße erschließt das Gebiet und trennt die Bebauung von dem Park am Fluß.

Restitutio Urbis Potsdamiae

Clemens Kusch
übersetzt die
Ausführungen von
Augusto Romano Burelli
(l.) ins Deutsche

Planungsgruppe
Prof. Augusto
Romano Burelli,
Udine/Venedig

Mitarbeiter
Gereon Hach
Laura Silvestrini
Mario Franzotti
Giulia Comessatti
Silvia De Anna
Andrea D'Antoni
Francesco Cosatto
Nicola Nanut
Davide Raffin
Savio Rusin
Gigi Garbarino

Im Andenken an den Bürger Potsdams Wilhelm Kempff

Das unaufhaltsame Streben des Geistes nach dem, was sich ihm entzieht, spricht dafür, daß etwas sehr Tiefgreifendes verlorengegangen ist.

Das gilt hauptsächlich für die zerstörte Architektur und für die verstümmelte Stadt, die sie überlebt hat. Der Despotismus zerstört und baut wieder auf; nach seinem Fall jedoch ist die Amnesie eine Verführung für alle: die Möglichkeit einer »Bundesamnesie« und einer »Fünf-Neue-Länder-Amnesie«.

Vergebens hat man während vierzig Jahren versucht, die Geschichte zu korrigieren, doch können wir uns selbst nur korrigieren, indem wir die Geschichte befragen. Die Gefahr der Architekturamnesie droht seitens einer bestimmten modischen Architektur, welche die Gegenwart nicht entschlüsselt, keine Herausforderung an die Zukunft stellt und sich doch auf den Geist der Avantgarde beruft.

Dieser Entwurf ist der Versuch, eine Beziehung zur Vergangenheit dieser Stadt herzustellen, einer rätselhaften, konfliktbeladenen und doch immer noch lebendigen Vergangenheit, die die Gegenwart bedrängt. Trägt man die Ruinen eines Monuments ab, so bildet sich eine gefährliche Leere. Das Monument ist zwar verschwunden, aber in der Stadt verstärkt sich seine zweideutige »Nicht-Anwesenheit«. Der »Horror vacui« drängt nach Erfüllung: Seine schlimmste Ausdrucksform ist die Nostalgie, der Wunsch nach der vollständigen Wiederherstellung des verlorenen Bildes, seine beste dagegen ist die Suche nach einem Fragment als lebendigem Zeugnis einer für immer verlorenen Idee. Der Abdruck im Boden und das Fragment werden zum rätsel-

haften Schein des Ganzen; der Phantasie des Betrachters bleibt es überlassen, das Rätsel zu lösen.

Was ist das für ein Potsdam, das sich dem Besucher darbietet? Welches ist der heutige Charakter dieser Stadt? Der großflächige anonyme Wohnungsbau ist zu den widersprüchlichen traditionellen Komponenten der Lust- und Garnisonstadt hinzugekommen, und man entdeckt, daß die Ikonoklastie der SED-Bürokraten einem arroganten und kulturell unzureichenden ideologischen Projekt angehörte. Die Stadt erweist sich dort als besonders verletzt, wo sie um die unvorsichtigerweise abgerissenen Monumente gewachsen ist.

Für die Kunststadt Potsdam ist ein Entwurf nötig, der sich mit den architektonischen Gedanken beschäftigt, die den Dingen und den Gebäuden zugrunde lagen. Erinnern wir uns an einen theoretischen Aphorismus, der aus der epischen Gilly-Schinkel-Persius Trilogie hergeleitet ist: »Mit einigen wenigen aber vollkommenen Teilen den großen städtischen Raum meistern«.

Das Projekt für die Innenstadt führt einige Themen ein, für die wir keine fertige Architektur vorschlagen, sondern nur architektonische Leitlinien:

- Ausgrabung des Stadtschlosses, dessen Grundmauern ans Licht gebracht werden müssen
- Das Stadtschloß steht auf dem DDR-Straßenzug, der teilweise bestehen bleibt
- Die Drehung der Symmetrieachse des Stadtschlosses, dessen Corps de logis die Richtung der ersten Stadtachse gestiftet hat, bildet eine neue Stadtachse
- Das Stadtschloß wird mit nur einem einzigen, philologisch exakten Fragment

Sichtachsenplan

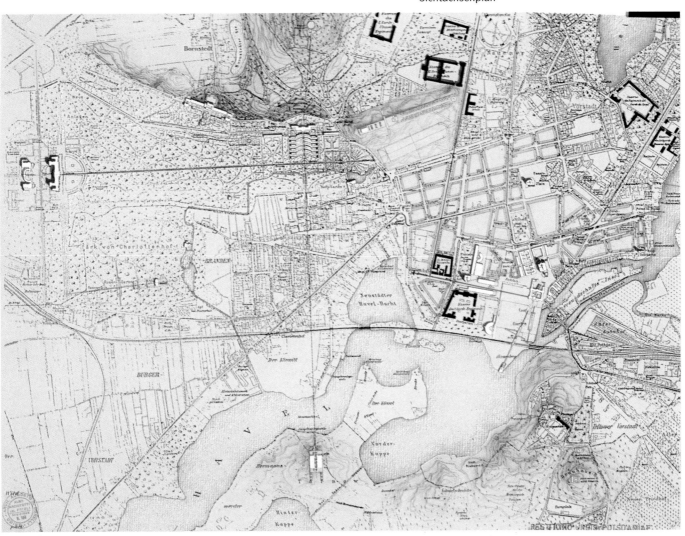

wiederhergestellt: der Fassade des roten Saales zur Breiten Straße

- Das Stadtschloß läßt sich in verschiedene Thematiken unterteilen: den Baukörper der Wohnung Friedrichs des Großen, das Corps de logis, welches von der neuen Achse durchschnitten wird, und die Himmelstreppe, die vom Alten Markt zum überhöhten Platz und auf eine Ebene führt, die eher metaphysisch als real ist

- Die neue Achse gestaltet den Lustgarten durch eine »metaphysische Promenade«, die sich vom Schloß bis zum Monument auf dem Wasser spannt

- Diese Promenade befreit den Hinzenberg aus der Isoliertheit, in die ihn der Bahndamm drängt
- Ein Gebäude übernimmt die Aufgabe, Lustgarten und Hinzenberg zu vereinen, indem es Bahndamm und neue Umgehungsstraße passiert
- Auf diesem Gebäude, das ein bißchen Aquädukt, ein bißchen überhöhte Straße, ein bißchen hängender Garten ist, stehen zwei kleine Monumente: das eine Voltaire (auch S-Bahnhaltestelle), das andere Friedrich dem Zweiten gewidmet
- Die Symbolik dieses Dualismus ist offensichtlich; sie steht für die notwendige konfliktvolle Spannung und Anziehung zwischen Geist und Macht
- »Hinter dem Lustgarten« wird durch das Landtagsgebäude abgeschlossen, welches den zwischen Lust- und Militärübungsplatz schwankenden Genius loci neu definiert
- Es sind eine sechste und siebte Brücke (in chronologischer Reihenfolge) über die Havel vorgesehen: eine Fußgängerbrücke dort, wo einst die vom Krieg zerstörte Brücke stand, und östlich davon eine Autobrücke
- Die zwei neuen Brücken, der steinerne Rand des Lustgartens, die Eisenbahnbrücke und das sanierte Ufer des alten Bahngeländes beschreiben einen Wasserplatz
- Der Alte Markt wird von einem Doppelgebäude auf den Spuren des Persius-Projektes und von einer an den Palazzo Barberini erinnernden Kolonnade abgeschlossen
- Die Breite Straße wird als eine Friderizianische Szenografie wiederhergestellt; das typologische Thema stellt der Doppelkörper dar, dessen zweite Fassade man noch von der Straße sieht
- Die Wiederherstellung der Breiten Straße erfolgt nicht vollständig: Das Doppelgebäude unterbricht sich einmal gegenüber der Garnisonkirche, und ein anderes Mal, auf der gegenüberliegenden Seite, um die Sicht auf das neue Theater am Langen Stall freizuhalten
- Der Wiederaufbau der Garnisonkirche ist auf dem alten Platz mit gleichbleibendem Volumen vorgesehen, der Glockenturm jedoch besteht aus zwei übereinander-gestellten Stützpfeilerstrukturen, deren zweite zum Schloß schaut
- Der schöne Stoà-Theaterentwurf von Schinkel für den Gendarmenmarkt dient als Beispiel für den Langen Stall, der von Sempers Entwurf für das kleine provisorische Theater im Kristallpalast in München beendet wird
- An das Lange Stall-Foyer schließen sich ein Amphitheatersaal und das eigentliche Theater an – letzteres als Wiederaufnahme des Bayreuther Festspielhauses, das eine drastische bildliche Reduzierung des Semperschen Wagner-Theaters darstellt.

Potsdam ist nicht nur Brandenburg, so wie seine Baukunst sich nicht nur deutsch nennen kann: die Stadt ist Teil des großen europäischen Architekturerbes. Das Wissen um diese Tradition ist lebendig und lebensnotwendig für die zukünftige Potsdamer Architektur. Daher ist es sinnvoll, folgenden Aphorismus zu betonen: »Die Architektur dringt nach dem, was sie noch nicht ist, doch alles, was sie wahrhaftig ist, das ist schon gewesen« (A. R. Burelli).

Planungskonzept

Himmelstreppe
Sichtachse

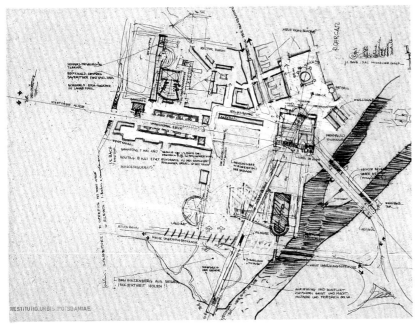

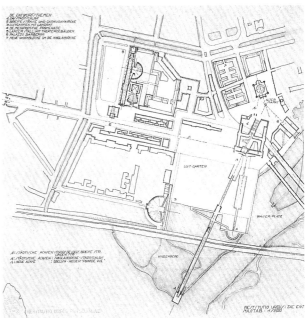

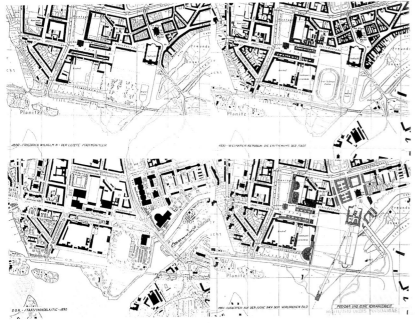

Entwicklungsstadien

Himmelstreppe
Sichtachse

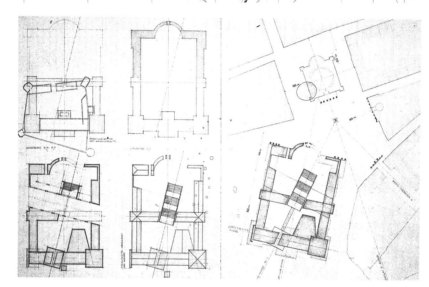

Stadtschloß Grundriß

Stadtschloß Ansicht

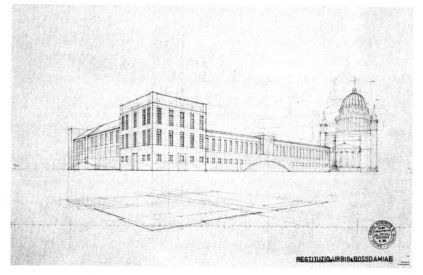

62

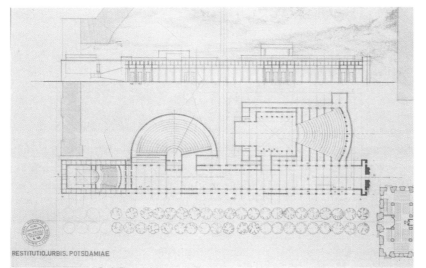

Theater Grundriß

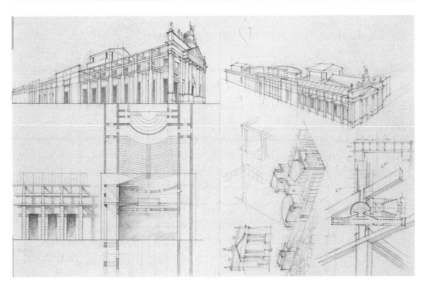

Theater Ansicht

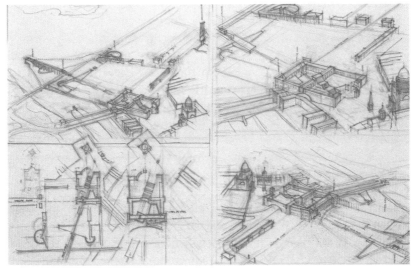

Skizzen

Maszregel – Regelmasz

Werner W. Weitz (l.)und Ugo Camerino (r.) im Gespräch mit einer SFB-Fernsehjournalistin

Planungsgruppe

Architekten-
gemeinschaft
Ugo Camerino,
Architekturbüro
ELW & Partner,
Potsdam
Ugo Camerino
Georg Eyl
Werner W. Weitz
Joachim Würmle
Maroun el Daccache
Paolo Gambarelli
Marina Rütten-
Broda
Max Quick
Wolfgang Schulz

Mitarbeiter

Stefka Gelszus
Sven Kröck
Christian Sting
Tilman Lange

Vorgehensweise

Zur Rekonstruktion des Grundrisses von der Altstadt bis zur 2. Stadterweiterung haben wir anhand verschiedener Pläne die Stadt vermessen. Sowohl von Ost nach West (z. B. von der Heiliggeistkirche bis zum Brandenburger Tor) als auch in Nord-Süd-Richtung (vom Nauener Tor bis zur Spitze des Hinzenberges) beträgt die äußerste Ausdehnung etwa 1.500 m Luftlinie. Dies ist vergleichsweise nur wenig mehr als die Entfernung zwischen Bahnhof Zoo und KaDeWe. Legt man eine Achse in die Mitte des ehemaligen Stadtschlosses, so erhält man zur ehemaligen Heiliggeistkirche 600 m und nach Westen zum Brandenburger Tor ca. 900 m. Der Abstand zur Garnisonkirche, ebenfalls orthogonal gemessen, beträgt 450 m. Der Mittelpunkt des Oktogons (Acht-Ecken-Kreuzung) liegt in 150 m Entfernung, ebenso der Schwerpunkt des Blücherplatzes. Der Block südlich des Stadtkanals ist ca. 150 m breit. Dieses Maß und ganzzahlige Vielfache davon tauchen also gehäuft an wichtigen Punkten der Stadt auf. Ob es sich dabei um zufällige Ergebnisse oder Teile eines Regelwerks handelt, sollte ausführlicher untersucht werden.

Wir haben dieses Maß von 150 m halbiert bzw. in 30- und 50-m-Abstände unterteilt. Damit lassen sich zum Beispiel der Neue Markt 60/60 m und dessen Mittelpunkt eindeutig geometrisch definieren wie auch seine geradlinige, parallel zur Wilhelm-Külz-Straße verlaufende Verbindung zur Acht-Ecken-Kreuzung und zum Obelisken am Alten Markt.

In Nord-Süd-Richtung haben wir parallel dazu ein 80-m-Achsmaß untersucht, um zu überprüfen, ob es neben den quadratisch/symmetrischen Beziehungen Verhältnisse im goldenen Schnitt gibt. Insbesondere die Schaufassaden vom Schloß in die Wilhlem-Külz-Straße hinein legen diese Vermutung nahe, wie auch das Gesamtmaß vom ehemaligen Lustgartenwall bis zum Stadtkanal mit ca. 480 m (3 x 160 m).

Sollte unsere erste Schlußfolgerung zutreffen, wäre zusätzlich zu erforschen, inwieweit sich möglicherweise mehrere Systeme überlagern.

Indiz dafür wäre auch das Achsmaß von 35/35 m, das Lenné als Basis für die »Verschönerung« des Lustgartens und dessen Beziehungen zu der vorhandenen Bebauung angewandt hat.

Friedrich Mielke, dessen Pläne wir u. a. zur Grundlage genommen haben, gibt das Profil der Wilhelm-Külz-Straße mit 32 m an. Nach dem 1:1.000-Plan, der uns als Planungsgrundlage diente, sind es aber 35 m, wie bei Lenné: vielleicht ein Hinweis darauf, daß man nicht buchstaben- und erst recht nicht druckfehlergetreu bauen oder nachbauen sollte. Mielke selbst gibt den Hinweis, daß die 2. Stadterweiterung wahrscheinlich parallel zum Kanal geplant war und lediglich falsch eingemessen wurde, obwohl der König selbst, aus Mangel an qualifiziertem Personal, mit Hand angelegt hatte. Ein königlicher Fehler sozusagen.

Bevor wir auf die Platzsequenzen bezüglich der Rekonstruktion und unsere Eingriffe insgesamt eingehen, bleibt noch zu erwähnen, daß zwischen Heiliggeist-, Nikolai- und Garnisonkirche eine geradlinige Verbindung bestand, die orthogonal im Schwerpunkt der Nikolaikirche mit der Peter-und-Paul-Kirche eine Beziehung herstellte. Diese wiederum hatte einen 90-Grad-Winkel zur Heiliggeistkirche und zur Garnisonkirche. Außerdem

Topographie
und Stadtstruktur

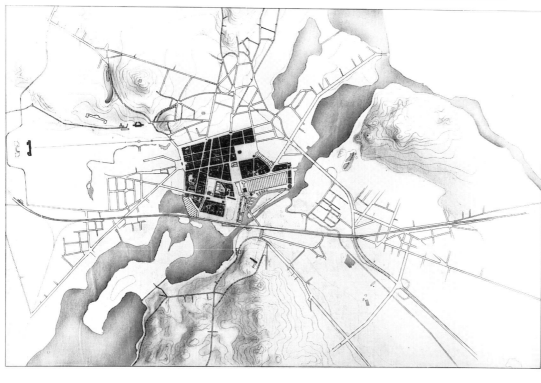

führte die geradlinige Verlängerung des Stadtkanals zum ehemaligen Neustädter Tor. Das Brandenburger Tor und die ehemalige Heiliggeistkirche sind ebenfalls geradlinig und parallel zur Wilhelm-Külz-Straße miteinander verbunden.

Es bleibt hinzuzufügen, daß wir darüberhinaus eine dreidimensionale Untersuchung in Betracht gezogen hatten (z. B. beträgt das Verhältnis der Straßenprofile zur Gebäudehöhe ca. 1:2, und die drei Kirchen hatten dem Brauhausberg entsprechend die Höhe von 88 m ü. NN), die im Rahmen dieser Arbeit jedoch nicht voll durchgeführt werden konnte. Beziehungen zu den Vorstädten wurden nur über deren Hauptanbindungen berücksichtigt und der Landschaftsraum nur

unter der Vorgabe des Sichtachsenplanes betrachtet (Fehler im Lenné-Plan bezüglich der Sichtachse Peter-und-Paul-Kirche / Berliner Straße).

Das Gesamtkunstwerk Potsdam bedarf in seinen vielfältigen, subtilen Beziehungen noch gründlicher Erforschung, wobei die Landschaftsplanung stärker als bisher einbezogen werden müßte.

Die Planungsgebiete – ihre Beziehungen und mögliche Maßnahmen

Stadtgebiet

Die Platzfolge: Alter Markt – politischer, historischer Platz; Platz der Einheit – lauter

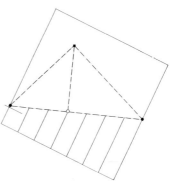

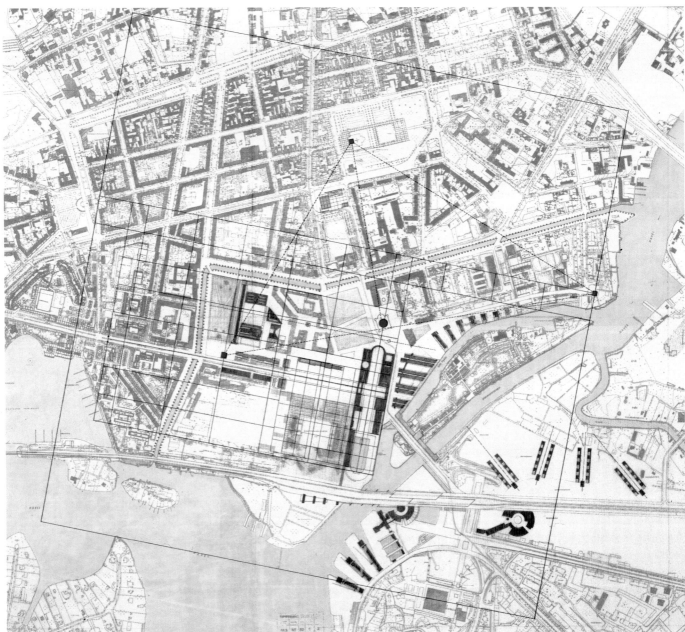

Vermessungsplan

Sichtbeziehungen
Vermessungsstudie

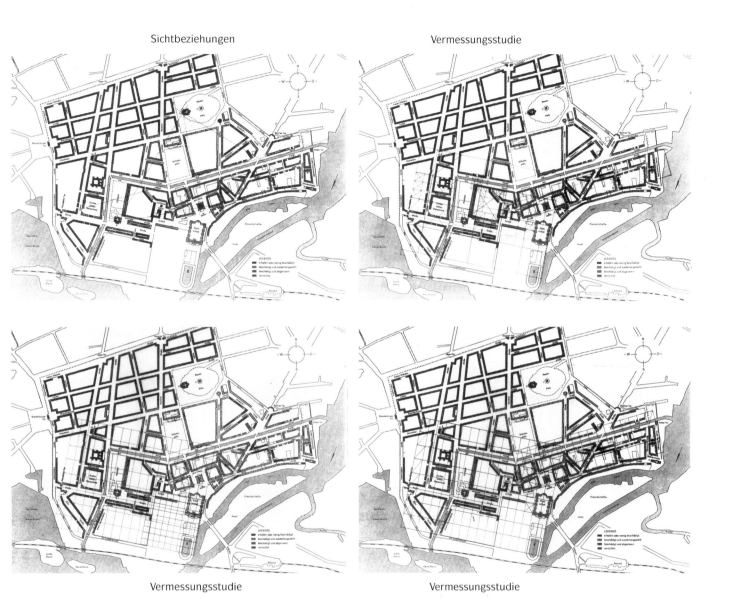

Vermessungsstudie
Vermessungsstudie

Ansichten, Schnitte und
Grundrißschema der
Projekte im Zentrum

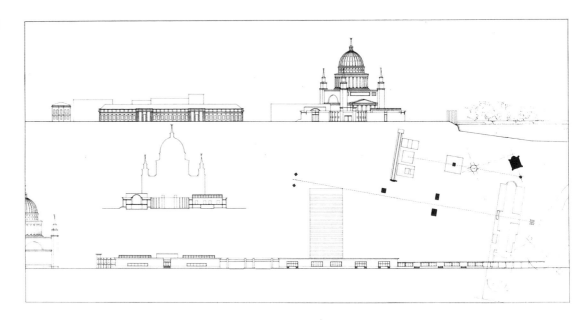

Platz (Markt, Kneipen, etc.); Bassinplatz – ruhiger Schmuckplatz (sowjetischer Soldatenfriedhof, Kleinkinder) muß über die Öffnung der ehemaligen Kaiserstraße wiederhergestellt werden. Voraussetzung dafür ist eine neue räumliche Fassung des Alten Markts.

Vor 1945 war diese weitgehend bestimmt durch das ehemalige Stadtschloß, dessen räumliche Gestalt heute nur als Erinnerung bzw. als Museum hergestellt werden kann. Keinesfalls sollte der Landtag als Solitär am Ort des alten Stadtschlosses stehen. Ihm gebührt vielmehr, sich, ein wenig vorgeschoben zwar, in die Gebäudereihe zu integrieren. Auf diese Weise trägt er zur Fassung des Alten Marktes bei und ist gleichzeitig ein Endpunkt der Wasserstadt.

Eine neue Sequenz: Alter Markt, Rondell (Acht-Ecken-Kreuzung), Neuer Markt, Theater-Platz, Plantage stärkt die wesentlichen Elemente des alten Stadtgrundrisses und fügt

eine neue Schichtung hinzu. Im Vergleich zur Größe der o. g. Plätze mit Ausnahme der Plantage handelt es sich hier aber eher um Höfe.

Lustgarten
– die nach dem Lennéschen Plan von 1836 aufgrund des Eisenbahnbaus erfolgte Zerschneidung durch eine Aufständerung der Bahntrasse (Brückenkonstruktion) mildern
– Aktivitäten wie Freizeitsport, Volkspark, Schwimmbad, Eislauf, Grillplätze (Tiergarten)
– Bahnhof, Hotelboote, Inselrundfahrt
– Kleingärten rückbauen

Stadtkanal
– prägt das Stadtbild, Verringerung des Durchgangsverkehrs
– Ringe der beiden Stadterweiterungen markieren
– Sonderaspekt: Blockteilungen in der

2. Stadterweiterung untersuchen

Autoverkehr
- kein Durchgangsverkehr in der Altstadt und in der 1. und 2. Stadterweiterung
- Rückbau der Straßenprofile auf zwei Fahrspuren

Wasserstadt
- städtisches Ufer, Blicköffnung in Seniorenheim
- alten Grundriß durch Baumreihen und Wasserrinnen südlich des Kanals ergänzen.

Gebiet südlich der Havel

Das Gebiet südlich der Havel betrachten wir als Vorstadt: Es soll weder Subzentrum noch Bandstadt oder Stadterweiterung werden. Dies bedeutet lediglich, daß keine Stadtsilhouette entstehen wird; eine hohe Verdichtung und große Gebäude sind durchaus denkbar.

Bahnhof und Bahntrasse
- Bahnhof über dem Wasser, S-Bahn bis Werder, Trasse in Hochlage

Babelsberger Seite :
- Trennung zwischen Speicherstadt und Landschaftsraum an der Nuthemündung
- Vorplatz, Tram, Busse, Boote, Fähren/Linienschiffe

Potsdamer Seite :
- Fußgänger, Touristen, Lustgarten, Freizeitsport
- Der Bahnhof verdankt seine heutige Lage vermutlich eher der spektakulären Ausrichtung auf das Schloß als auf die Stadt. Die nur in diesem Bereich nicht vorhandene Hochlage ist eindeutig durch RAW und Güterbahnhof bedingt. Kurz- und langfristige Änderungen sind hier möglich.

Speicherstadt und Brauhausberg
- Gewerbe, Dienstleistungen, Sonderwohnformen, Hotel, Casino – mit dem Boot erreichbar.
  Die Beziehung der Speicherstadt ist eindeutig hergestellt durch das 1844/45 von Ludwig Persius entworfene Proviantamt, das gleichzeitig den steilen Anstieg zum Brauhausberg betont. Eine direkte Erschließung aller Gebäude vom Wasser her fehlt. Möglicherweise mangelte es an Erfahrungen und entsprechenden Fachkräften, Wasserwege als städtische Elemente zu nutzen, so daß vielmehr der Schutz vor dem Wasser Priorität erlangte. Amsterdam und Venedig können dabei sicher qualifiziert helfen.

Nuthemündung
- Landschaftsraum, Flöße, Wohnen in Vorstadtvillen (dreigeschossig plus Dach)
- Büros, Gewerbe in offener Bauweise an der Bahnlinie
- Pücklerschneise, absolute Priorität des Landschaftsraumes, ergänzt durch »highlights«
- Die Ausrichtung der Vorstadtvillen sollte auf die Nikolaikirche, die Peter-und-Paul-Kirche sowie den Licht- und Leuchtturm (ehem. Heiliggeistkirche) erfolgen, unterstützt auch durch niedrige, in bezug auf den Bahnkörper variierende Baumpflanzungen.

Projektbeschreibungen

Alter Markt

Nachdem wir die nostalgische Forderung nach dem Wiederaufbau des alten Stadtschlosses als Hypothese ausgeschlossen hatten, stellten wir uns die Planungsaufgabe, ein öffentliches Gebäude zu entwerfen, das die vorhandene Leere mit Inhalten und städtischen Bezügen füllt, die den jüngsten Wiederaufbauideen fehlen.

Es müßte ein Gebäude entstehen, das wie eine Metapher für die vorausgegangenen Bauwerke steht, deren aus dem jeweiligen Zeitbezug hergeleitete Charakteristika unwiederbringlich sind, die jedoch eine Rekonstruktion ihrer hierarchisch physischen und symbolhaften Systeme erlauben.

Auf den Grundmauern des früheren Gebäudes haben wir uns ein neues vorgestellt, das auf seiner ganzen Länge begehbar ist und den Platz nach Norden gegenüber der Nikolaikirche abgrenzt.

Sinn des Gebäudes ist es, einen Ausblick auf die Stadt und ihre Geschichte zu geben. Man geht durch das Museum und seinen Innenhof, der das Lapidarium beherbergen könnte, und betrachtet die Exponate, oder man wandelt unter den Bäumen der Dachterrasse und blickt auf die Stadt selber. Setzt man diesen Weg fort, gelangt man nach Unterquerung der Eisenbahnlinie zur Havel.

Das neue Gebäude ist eingebettet in das System von virtuellen Achsen, die die Nikolaikirche mit dem Modul-Raster verbinden, das die Maßstäblichkeit der ganzen Stadt regiert und das für mehr als zwei Jahrhunderte bei planerischen Eingriffen als Bezugspunkt und Rahmen diente.

Neuer Markt, Plantage

Der wahre Gegenstand des Projekts ist die Stadt selber. Ihr städtisches Gewebe, die Erinnerung an ihre Bauwerke und ihre Geschichte werden das Szenario der kulturellen Aktivitäten Potsdams bilden.

Wir haben einen komplexen städtischen Raum geplant, der von den bestehenden Gebäuden und den neuen Theatern begrenzt wird und aus neuen Plätzen, Straßen und baumbestandenen Wegen besteht, die das Netz der umliegenden Straßen integrieren.

Das vorgestellte Szenario enthält eine Folge von vier Plätzen, die zum Eingang des Theatergeländes führen. Der erste entsteht durch die Wiederherstellung des Acht-Ecken-Platzes; es folgt der Neue Markt in Form eines Quadrats von 60 x 60 Metern, auf den das Portal des alten Kutschstalls ausgerichtet ist. Hier öffnet sich dann der Hof mit den bestehenden barocken Gebäuden, dessen gesamter Komplex umgenutzt wird für Verwaltungseinrichtungen und Informationsstellen. Außerdem sind zwei neue, dem Filmmuseum zugeordnete Gebäude vorgesehen, die Kinosäle und Veranstaltungsräume beherbergen. Dieser Platz übernimmt sozusagen die Rolle eines Foyers unter freiem Himmel.

Danach betritt man einen weiteren Platz von 60 x 60 m Seitenlänge, der spiegelbildlich zum ersten auf dessen Sicht- und Mittelachse liegt. Die östliche Begrenzung bildet eine Wandelhalle bzw. -terrasse, die den Platz mit dem im Norden gelegenen Stadtkanal verbindet. Auf der gegenüberliegenden Seite wird er von der Plantage abgegrenzt durch eine lange, gläserne Galerie, die sich auf den Langen Stall mit seiner schlichten Fachwerkkonstruktion bezieht. Hierbei handelt es sich um eine der Hauptansichten des Kulturforums, die aus drei transparenten, aneinanderliegenden Galerien besteht, deren Südansicht die erhaltene Schmuckfassade des Portals des alten Stalls ist.

Entwurfsskizze zu den
Projekten am Havelufer

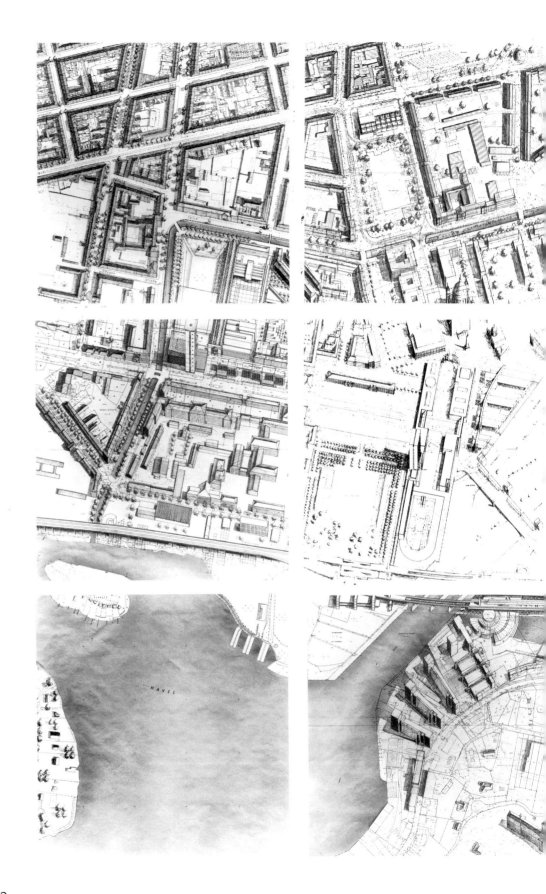

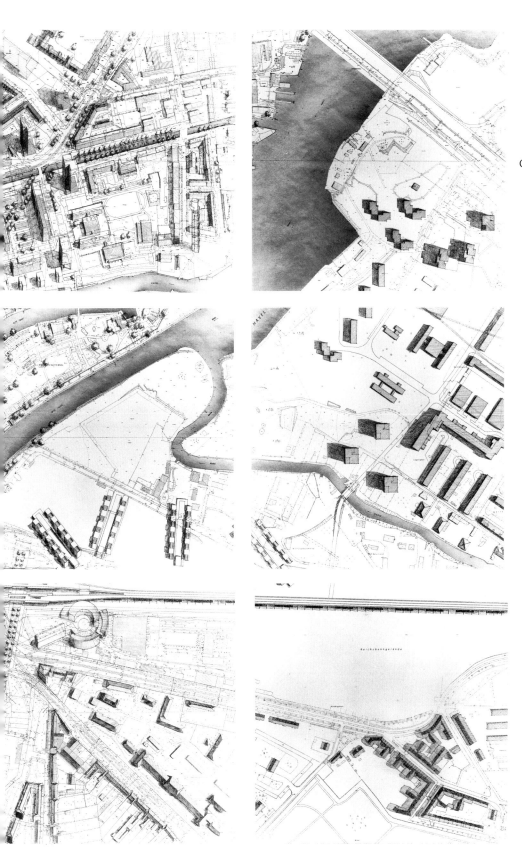

Gesamtaxonometrie

Als letzten Platz schließlich erreicht man die Plantage, die nach den Plänen von Peter Joseph Lenné wiederhergestellt werden soll. Ein ca. 88 m hoher Turm, den wir an der Stelle des zerstörten Turms der Garnisonkirche vorschlagen, wird als Orientierungspunkt in der Stadt das Kulturforum markieren und gleichzeitig helfen, den Maßstab der alten Stadt wieder sichtbar zu machen.

Seitlich des internen Platzes liegen ein großer Theater- und ein zweiter, unterteilbarer Saal, der als Probebühne und für Konzerte, Ballette oder Lesungen genutzt werden kann.

Damit besteht der Komplex aus sechs neuen Gebäuden, die um einen internen Platz gruppiert sind, der selber auch als Freilichtspielstätte genutzt werden kann.

Der gesamte Bereich ist von allen Seiten zugänglich: von der Plantage im Westen durch die gläsernen Galerien, von Norden aus über die Wandelhalle und eine in Verlängerung der Wilhelm-Staab-Straße liegende Galerie, von Süden über das Schmuckportal des Langen Stalls und von Osten durch das Portal des Kutschstalls.

Bahnhof Potsdam

Anhand unserer Untersuchung zum Thema »Bahnhof, S-Bahnhof« läßt sich als vorrangiges Planungsziel formulieren, daß Fern- und Regionalzüge sowie S-Bahn-Schienen in Hochlage gebracht werden müssen. Der aufgeständerte Bereich des schienengebundenen Verkehrs zwischen den vorhandenen Bahntrassen von Babelsberg und Potsdam-West ermöglicht eine kreuzungsfreie Verkehrsabwicklung mit den oben genannten Verkehrsarten und dem Straßenverkehr.

Für die Anforderungen Potsdams an diesen Bahnhof sind vier Schienenstränge zugrunde gelegt, bestehend aus einer Doppelanlage für die S-Bahn-Anbindung und einem Doppelstrang für Fern- und Regionalzüge, wobei der Güterverkehr im Westen außerhalb der Stadt abgewickelt werden soll.

Die Haltestellen mit ihren Bahnsteigen (leichte, glasgedeckte Überdachungen) schaffen, über den Havelkanal gespannt, an zwei Stellen eine Verbindung zur Stadt: am zentralen, historischen Bereich der Stadt, südlich vom Alten Markt, und dem südöstlich vor der Havel gelegenen Stadtabschnitt. Letzterer soll die Hauptrichtungen und Primärabwicklungssysteme mit allen modernen technischen und architektonischen Erfordernissen eines Bahnhofs aufnehmen.

Des weiteren ermöglicht die Aufstelzung des schienengebundenen Verkehrs die Errichtung einer neuen, unter dieser Ebene verlaufenden Verkehrsstraße von Babelsberg und dem Autobahnzubringer, die die Friedrich-Engels-Straße entlasten kann.

Oben erwähnte Straßen- und Verkehrsführungen aus allen weiteren Richtungen werden an diesem Ort in eine Verkehrsachse gebündelt und erreichen hier eine Art übergeordneten Verkehrsendpunkt vor dem Stadtkern. Dieser manifestiert sich durch die Anordnung des Gebäuderiegels Bahnhof und dessen Vorplatz. Bus- und Straßenbahnhaltestellen sowie Individualverkehr mit kurzzeitigem Halten werden an dieser Stelle konzentriert.

Diese städtebauliche Anordnung ergibt sozusagen eine Kopfbahnhofsituation, die sich optisch dem Verkehr entgegenstellt und ihn vom Zentralbereich Potsdams fernhält.

Unter dem Brückenbau des Bahnhofes (ca. 10 m hoch) sind fußläufige Verbindungen möglich, die die Baulichkeiten von beiden Orten zusammenführen. Dort finden sich auch alle

Baukörper, die nötig sind, um den reibungslosen Ablauf eines modernen Bahnhofs gewährleisten zu können.

So ist das Hauptgebäude im Grundriß dem ehemals dort untergebrachten Lokschuppen nachempfunden, mit einer repräsentativen Eingangshalle. Der Baukörper schiebt sich zum Teil unter die Brückenkonstruktion; Rolltreppen, Aufzüge und Treppenanlagen führen den Reisenden nach oben.

Gegenüber den umliegenden topographischen Ebenen ist der Vorplatz fast auf Havelkanalhöhe abgesenkt und wird als vollständiges Inselplateau ausgebildet: er ist nur über Brückenanbindung erreichbar. Seine dreieckige Form vereint die Richtungen der Eisenbahn, des Autoverkehrs und der Schiffahrtslinien.

In dieses Dreieck münden viele Bereiche der Stadt: die zentrale Stadtmitte, die Vorstadt, das Wohnen im Park, der Brauhausberg mit dem »Kreml«, der Havelkanal mit der Freundschaftsinsel und die Speicherstadt, die eine Verknüpfung von Gewerbe mit Wohnen vorsieht. Nördlich davon, auf dem Gelände des ehemaligen Güterbahnhofs, ist das Wohnen im Park angelegt. Die Gebäude sind dem Grünzug zugeordnet, der entlang der Havel bis an den Bahnhof herangeführt wird.

Neben verschiedenen Parksystemen können in direkter Bahnhofsnähe kommerziell genutzte Sporthallen, Kinos und Kaufhallen angesiedelt werden.

Zusammenfassung und Empfehlungen

Die Entscheidung für den Abriß des Theaterrohbaus finden auch wir richtig; aber damit sollte der Gedanke an Abriß von zugegebenermaßen stadtbildzerstörenden und häßlichen Gebäuden für einen längeren Zeitraum ausgesetzt werden, da eine Bewertung der letzten vierzig Jahre zur Zeit noch nicht möglich ist.

Im Rahmen der notwendigen Spurensicherung sollte die Stadt zunächst sorgfältig dreidimensional vermessen werden, um dann in einem weiteren Schritt die Rekonstruktion des Stadtgrundrisses mit Ergänzungsmaßnahmen zu beginnen.

Zudem gilt: Kein Abriß, ohne vorher Ersatzvolumina geschaffen zu haben!

Mit diesem Ansatz kann an einigen Stellen sofort problemlos gebaut werden, an vielen anderen aber muß verstärkt recherchiert bzw. geklärt werden, welches die neuen Inhalte sind, die neue Stadtbilder und -strukturen entstehen lassen. Dazu bedarf es umfangreicherer Wettbewerbe mit gut fundierten Programmen, wie etwa für das Theater und getrennt davon für den Alten Markt, den Landtag, den Bahnhof etc. Dies bietet jedoch keinen Ersatz für politische Vorgaben!

Eine Sequenz von Plätzen kreuzt die grüne Wasserfront

Kees Christiaanse zu den Thesen der Gruppe A.S.T.O.C.

Planungsgruppe
A.S.T.O.C.,
Rotterdam / Köln
Kees W. Christiaanse
Peter Berner
Oliver Hall
Markus Neppl
mit Joe Coenen

Über die Kenntnis der Vergangenheit hinaus ist eine genaue Beobachtung der heutigen Realität nötig, um die potentiellen Qualitäten Potsdams anzuerkennen.

Wir haben die Stadt aus drei unterschiedlichen Blickwinkeln betrachtet:

1. Stadtplanung erfordert eine bescheidene Einstellung

Der Stadtraum braucht vor allem Selbstverständlichkeit. Seine organisatorischen Strukturen sind das Ergebnis einer funktionalen Zonierung und einer kulturhistorischen Tradition. Die explosiven und teilweise unkontrollierten Entwicklungen der letzten fünfzig Jahre jedoch setzten dem ein abruptes Ende. Neue Strukturen wurden über alte geklebt, Entwicklungen eingeleitet und wieder abgebrochen. Zwischen verschiedenen Gebieten wurden messerscharfe Übergänge geschaffen. Deshalb gleicht unsere Aufgabe der eines Trapezkünstlers: Wir müssen balancieren zwischen den Resten verschiedener Strukturen, zwischen wertlosem Abfall städtebaulicher Ideologien und wertvollen archäologischen Elementen. Aus einer sorgfältigen Inventarisierung und der Identifikation städtischer Charakteristiken heraus müssen wir ein dynamisches Gleichgewicht schaffen.

Stadtplanung sollte als Organisator des Allgemeinen einen hohen Grad an Neutralität gegenüber der Architektur bewahren, die ihrerseits in aller Vielfalt blühen darf.

2. Die Stadt ist ein Archipel

Die Stadt ist ein Archipel verschiedenartiger Inseln, die in unterschiedlichen Epochen entstanden sind. Diese Inseln sind mehr oder weniger explizit autonom in ihrer Aktivität oder städtischen Form, wie das Beispiel des Holländischen Viertels sehr deutlich belegt. Indem die charakteristischen Eigenschaften solcher Inseln identifiziert, verstärkt oder verändert werden mit spezifischen Bebauungs- und Funktionsgesetzen, differenzieren sie sich in bezug auf andere Distrikte. Ein vielfarbiger Archipel von Gebieten verschiedenen Charakters entsteht, auf dem der städtische Mensch seine bevorzugte Umgebung wählt. Die Räume zwischen den Inseln, die oft aus der Vergangenheit vorgegeben sind, z. B. durch das Vorhandensein von Wasser, Eisenbahngleisen usw., verdienen zunehmend unsere Aufmerksamkeit. Sie sind die einzigen Orte der Stadt, an denen ein Austausch stattfinden kann zwischen den wachsenden, großmaßstäblichen Funktionen und den kleinmaßstäblichen Aktivitäten des Stadtlebens (Bahnhof, Havel, Stadtkanal).

3. Das städtische Gedächtnis

Die Stadt verlangt nach einer neuen Einstellung zur Geschichte. Die scharfen Kanten zwischen Fragmenten unterschiedlicher Zeitabschnitte machen die Geschichte der Stadt bewußt und manifest. Gebäude und Komplexe verschiedener Epochen tragen durch ihre Kontraste wesentlich zur Lebendigkeit einer Stadt bei.

Als direkte Folgerung aus der Beobachtung der Lage läßt sich ableiten:

– Es besteht die einzigartige Möglichkeit, durch eine Sequenz von öffentlichen Plätzen eine kontinuierliche Beziehung zu schaffen zwischen dem Gebiet um den

Bassinplatz bis zu der zukünftigen Lage des Bahnhofs am Südufer der Havel.

– Vor allem die »arkadische« Qualität des Stadtzentrums entlang der grünen Wasserfront muß bewahrt und verstärkt werden, insbesondere in den Vorschlägen für die Speicherstadt und das Reichsbahngelände.

Interventionen von Nord bis Süd

– Verbesserung und Aufwertung des Bassinplatzes
– Errichtung eines Einkaufszentrums auf dem Platz der Einheit (Referenztyp: GUM-Moscow). Dieser Baukörper teilt den Platz in zwei Subplätze. An der Nordseite ist der Platz das Bindeglied zum Bassinplatz, an der Südseite führt ein großer städtischer Platz die Sequenz weiter über den Stadtkanal in Richtung Alter Markt
– Zurückbringen der alten Blockbebauungs-Konfiguration zwischen Stadtkanal und Altem Markt, die sowohl kleinmaßstäbliche Einzelbauten als auch größere Komplexe um Innenhöfe beherbergen kann
– Zentral in der Sequenz liegt der Alte Markt. Wir schlagen vor, den Platz räumlich zu begrenzen mit einer gekurvten Bebauung an der Westseite und einer filigranen, durchlässigen Struktur von Galeriegebäuden auf Stützen, die eine transparente Beziehung mit der Wasserfront und dem Südufer aufbaut. Die auf normale Proportionen zurückgeführte Friedrich-Ebert-Straße unterhält stets eine laterale Beziehung zur

ganzen Nord-Süd-Sequenz. Der gekurvte Baublock beantwortet die unterschiedlichen Richtungen, die bei der Langen Brücke zusammenkommen, und formt die Beendung der »festen« Morphologie der Innenstadt mit Bezug auf die grüne Wasserfront.

Interventionen in die grüne Wasserfront

Der arkadische Charakter der grünen Wasserfront muß bewahrt werden; hier zieht sich die Morphologie der Stadt zurück bzw. formt eine durchlässige Struktur, die sich in dem grünen Raum auflöst.

Neue Entwicklungen in der Speicherstadt und auf dem Reichsbahngelände müssen sich in diese Vision einfügen. Die Speicherstadt hatte immer eine bewegte und beinahe karikaturale Skyline. Diese Qualität bringen wir mit unserem Vorschlag zurück, in eine Struktur von Streifen, die senkrecht zum Fluß stehen, unterschiedliche, in der Höhe variierende Häuser anzuordnen. Die dadurch entstehende Kulissenwirkung ergibt ebenfalls eine bewegte Skyline, die sich mit den vorhandenen Gebäuden ergänzt. Die für das Reichsbahngelände vorgeschlagene Bebauung bildet einen Schutzschirm zwischen Eisenbahn und grüner Wasserfront. An dessen Nordseite löst sich die Bebauung immer mehr in das Grün hinein auf. Alle Wohnungen oder Büros sowohl in der Speicherstadt als auch auf dem Reichsbahngelände haben stets Sicht auf Grün und Wasser.

Übersichtsplan

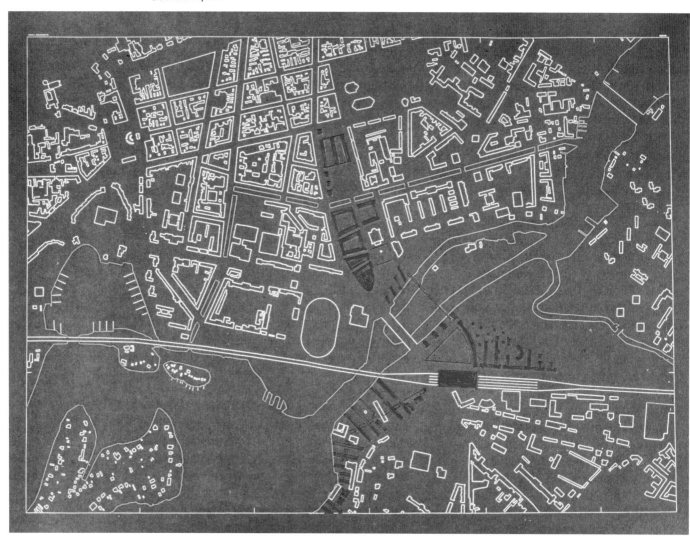

Lockere Bebauung
am Südufer
der Hafel

Alter Markt
Platz der Einheit

Gesamtansicht
Blick von Westen

Speicherstadt

Bahnhofsplatz mit
lockerer Bebauung
am Wasser

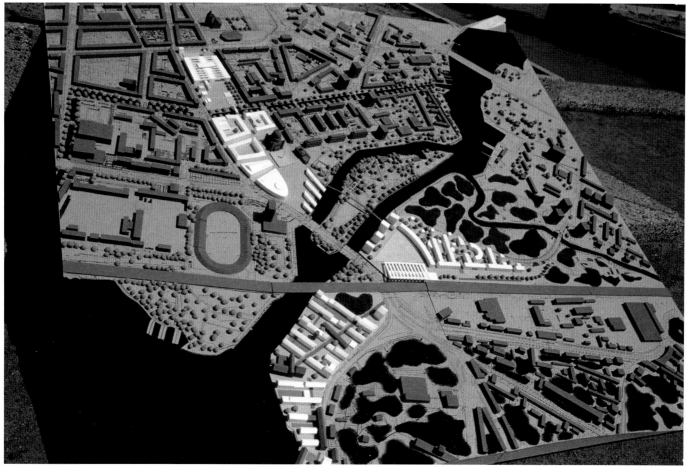

Potsdam – Modell

Landschaft und Geschichte – Fundamentale Aspekte der zukünftigen Identität Potsdams

Rudy Uytenhaak

Planungsgruppe
Prof. Rudy Uytenhaak,
Amsterdam
Mitarbeiter
Tiemen Koetsier
Marco Romano
Jan P. Wingerder
Engbert v. d. Zaag

Thesen

- Landschaft und Geschichte haben der Stadt ihre zugrundeliegende Tiefenstruktur gegeben
- Es ist zu klären, wieviel Historie eine Stadt für ihre Zukunft braucht
- Die räumliche Tiefenstruktur bildet den Kontext für die Erneuerung; Kontinuität ist das Ziel der der Historie gewidmeten Arbeitsweise
- Es bedarf keiner autonomen Fiktion, sondern der Sensibilität für eine perspektivische Entwicklung
- Die Geschichte der letzten sechzig Jahre läßt sich nicht »wegkorrigieren«
- Einem dem Prozeß einer Trennung, des Verabschiedens vergleichbaren Vorgang folgt ein Prozeß der Therapie
- Die große Aufgabe ist die Beschäftigung mit der in der Innenstadt entstandenen physischen und psychologischen Leere, aber wie auch in Lissabon, London oder Rotterdam gibt es jetzt die Möglichkeit, der Stadt ein Zentrum auf dem neuen Maßstab zu geben
- Die vorgeschlagene Rekonstruktion der historischen Altstadt bietet zwar eine verführerische Garantie, ignoriert aber, daß eine Stadt ein lebendiger Körper ist
- Die komplexe und reiche Komposition von verschiedenen homogenen Raumelementen in der Landschaft von Sanssouci kann eine große Inspiration sein für die Lösung der momentanen Sorgen (soucis) des Gesamtkunstwerks Potsdam.

Strategische Maßnahmen

Unser Plan orientiert sich weniger an einer der Monumentalität verhafteten autonomen Architektur, er versucht vielmehr, die spezifische Monumentalität der landschaftlichen Situation zu nutzen.

Die Wiederherstellung noch vorhandener Artefakte – wie z. B. des Stadtkanals und der grünen Freiräume in dem ehemals sumpfigen Gebiet in Richtung Heiliger See – dient vorrangig der Klärung des Kontextes der Stadt. Dem Kanal kommt dabei besondere Bedeutung zu, da er sowohl aus funktionaler Sicht für den Wasserhaushalt Potsdams als auch zur Orientierung im Stadtgewebe eine entscheidende Rolle spielt. Vor allem aber läßt er einen klar definierten städtebaulichen Raum entstehen und schafft einen selbstverständlichen Zusammenhang zwischen den verschiedenen Bauten.

Unserer Meinung nach ist daher die Nutzung der Landschaft die geeignete Strategie für eine Art Stadttherapie, die sich dafür einsetzt, die verlorene Stadtmitte wiederzufinden und zu gestalten. Wo die alten Elemente nur wie Pasticcio wiederherstellbar sind, glauben wir, daß man sich auf die Struktur der Stadt beziehen muß. Die Tiefenstruktur des Zentrums läßt sich lesen wie ein Zusammenkommen von zwei eigenständigen Vierteln mit ihren jeweiligen Werten. Beide waren, auf getrennte Weise zwar, ursprünglich aktiv und auf die Havel orientiert.

Die Altstadt, die sogenannte Wasserstadt, ist nun mit einem grünen öffentlichen Parkufer gestaltet. Wir schlagen vor, an der Südseite einen baumbestandenen steinernen Kai anzulegen, mit einer neuen Wohnstadt am Kanal, der wiederum ein Park, orientiert auf die

Nuthe, folgt. Für diese Stadtanlage haben wir den Typus des Wohn-Palazzo aufgegriffen, den wir bereits in einem unserer Amsterdamer Projekte erprobt haben.

Den anderen Teil der Stadt bildet der Schloßbereich mit seinem früheren Einflußgebiet. Dort sollte ein in stärkerem Maße öffentlich ausgerichtetes Kapitol und Kulturforum entstehen.

Neue Infrastruktur zugunsten des arkadischen Havel-Flußtals

Als das Hauptthema unseres Plans betrachten wir das Definieren von vier urbanen Feldern rund um die Havel, einhergehend mit der Entwicklung eines arkadischen Flußtals. Daher schlagen wir vor, die Infrastruktur auf einen neuen Maßstab zu bringen, der eine Beziehung zu den beiden Ufern herstellt.

Anstelle einer Autobahntrasse, die entgegen unserer oben beschriebenen Strategie die Räumlichkeit von Stadt und Landschaft ignorierte, haben wir vier schmale, sehr transparente Brücken erdacht, die jeweils auf ihre eigene spezifische Weise die Ufer miteinander verbinden.

Voraussetzung dafür ist jedoch, eine Lösung für den Bahnhof zu finden, den wir wie einen neuen Brückenkopf benutzen möchten. Das Dach des Bahnhofs könnte ungefähr auf dem Niveau der heutigen Brücke, acht Meter oberhalb des Wassers errichtet werden; in Anlehnung an eine Piazzale Michelangelos sollte außerdem ein terrassenartiger Platz entstehen, eventuell angereichert mit einem unterirdischen Parkplatz. Seiner Funktion nach ist dieser Bahnhof aber vor allem ein Transithafen, der ein Umsteigen von und auf Zug-,

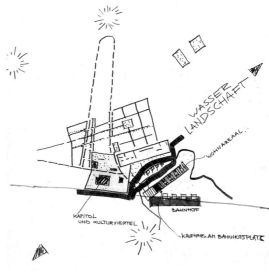

Stadtbahnhof

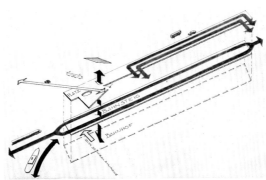

Straßenbahn-, Autobus- oder Privatverkehr ermöglicht. Für Fußgänger gibt es drei Niveaus: das Terrassenniveau, das Bahnsteigniveau in der Zwischenebene und einen Bahnhofsplatz an der Flußseite, mit Übergang zu einem am Kai gelegenen Kaufhaus, das seinerseits über eine Brücke Zugang zum oberen Terrassenplatz bietet.

Friede den Palästen

Aus technisch-konstruktiven Gründen gingen wir zunächst von Zeilenbauten aus, die zum Wasser hin transparent sein sollten. Mit einem solchen funktionalistischen Modell lassen sich zwar komplizierte und schlecht besonnte Ecklösungen vermeiden, es hat aber den Nachteil, daß der Stadtraum nicht deutlich genug artikuliert wird, da kein erkennbarer Unterschied zwischen Vorder- und Rückseite sowie zwischen öffentlichem und privatem Raum besteht. Die Zeilen wurden deshalb paarweise zu je einem Gebäude zusammengefaßt, ähnlich einem Palazzo mit Innenhof. Diese Innenhöfe sind von der Conradstraat her zugänglich, durch Tore, an denen die Treppenhäuser liegen.

Die Innenhöfe fungieren als Wohnstraßen und können von den Küchen aus, die als zum Innenhof zeigen, eingesehen werden. Kleine Kinder können dort spielen, während ihre Mütter sie im Blick behalten und jeden Fremden bemerken.

Die Fassaden der Innenhöfe mit ihrer geringen Tiefe von etwa 10 m sind so gestaltet, daß keine zugige Schlucht, sondern ein benah quadratischer Raum entsteht. Die Balkone der äußeren Wohnungen unterstreichen den Eindruck des quadratischen Platzes.

Der Eindruck von Enge und Abgeschlossenheit wird dadurch vermieden, daß die an den Kopfenden liegenden Fassaden zurückweichen und sich dem Blick entziehen, da sie aus der Perspektive herausge-

Amsterdamer
Wohnpalazzo

dreht sind. Die Balkonträger spielen auf diese Drehung an. Die Stahlträger, auf denen die Balkone aufruhen, durchdringen den quadratischen Platz mit der Andeutung eines ovalen Raumes. Der schichtweise Aufbau der Hoffassaden, ihre Detaillierung sowie die Farbgebung verleihen dem Innenhof trotz seiner begrenzten Abmessungen eine gewisse räumliche Tiefe. Die Straßenfassaden der »Palazzi« sind mit ihrem Mauerwerk aus grauem Formstein bewußt robuster gestaltet. Besonders der Dachüberstand und die neben den Toren fortgeführten Fertigbetonstreifen verstärken den Eindruck eines einzigen Gebäudes. Die Detaillierung der Außenfassade ist der Gesamtform untergeordnet. Es wurden Kompositionselemente verwendet, die den Maßstab der einzelnen Wohnungen überschreiten, wie Loggia, Sockel und Attika. Die Innenseite ist dagegen kleinteilig und repetitiv und funktional auf die einzelnen Wohnungen bezogen.

Die »Palazzi« enthalten eine ungewöhnlich geringe Anzahl verschiedener Wohnungstypen. Das Grundmuster bildet die Anordnung einer Drei- und einer Vierzimmer-Wohnung an beiden Seiten eines Treppenhauses. Die Wohnzimmer der in den äußeren Ecken gelegenen Vierzimmerwohnungen befinden sich am Eingang zum Innenhof und genießen so rundherum Aussicht. Die Dreizimmerwohnungen in der Mitte haben ihre Wohnzimmer zur Blockaußenseite. Für die Wohnungen im 1. und im 2. Obergeschoß gibt es einen zusätzlichen Balkon, für bessere Aussicht und als Ergänzung der durch geringe Besonnung benachteiligten innenliegenden Balkone. Die große Öffnung in der Außenfassade, die an das »piano nobile« denken läßt, unterstreicht optisch den beabsichtigten Gesamteindruck. Die Innenräume sind so dimensioniert, daß bei Bedarf ihre Benutzung austauschbar ist. Durch die geringe Länge der Zeilen entsteht die besondere Qualität eines transparenten Aufbaus mit variierender Aussicht gemäß der unterschiedlichen Lage der Wohnungen.

Rudy Uytenhaak

Von dort oben führt eine Fußgängerbrücke zum Alten Markt. Außerdem gibt es an der acht Meter hohen Platzwand den Brückenkopf einer filigran anmutenden Straßenbahnbrücke, die auf die Kaipergola aufsetzt und dann weiter bis zur neuen Haltestelle unter ein neues Vordach führt. Auch auf dem Bahnhofsplatz entsteht ein solches Vordach, das gleichzeitig am Eintritt zum Kai einen Portico bildet. Entlang dem neuen Schloßkai wird ein Fußgängerniveau angelegt, wo sich Dampfer- (Vaporetto-) und Schiffsanlegestellen befinden.

Ähnlich wie die Arbeitsgruppe um Professor Zillich möchten auch wir das Verkehrssystem mit einem nördlichen Rundweg einrichten, den wir verbinden mit der Friedrich-Engels-Straße. Um auf diese Weise die Breite Straße zu entlasten, ist die dritte Brücke zwölf Meter breit. Sie ist somit die neue Lange Brücke, die in die Breite Straße führt und dann abbiegt auf den historisch sehr spannungsvollen Platz des alten Schlosses. Wir schlagen vor, dort einen besonderen Punkt zu schaffen, als Anfang einer Sequenz großer, linear gestalteter Räume, wie z. B. in der Hauptachse Sanssoucis oder auch ähnlich der Pariser Louvre – Arc de Triomphe-Achse mit der Place de la Concorde – sozusagen als räumliche Alternative zur heutigen Autobahn. Hinsichtlich dieses Aspekts haben wir als Symbol für die auch städtebaulich wichtige, aber noch problematische Fragestellung das Bild Le Corbusiers benutzt: Die »offene Hand« als Symbol für ein neues, tolerantes, öffentliches Zeitalter im Zentrum des Kapitols. Auch die vierte Brücke dient in diesem Sinne der Öffentlichkeit. Die Eisenbahn besitzt in den neuen Verhältnissen der Berliner Region eine große Wichtigkeit.

Potsdamer
Stadtkanal

Schnitt, Ansichten

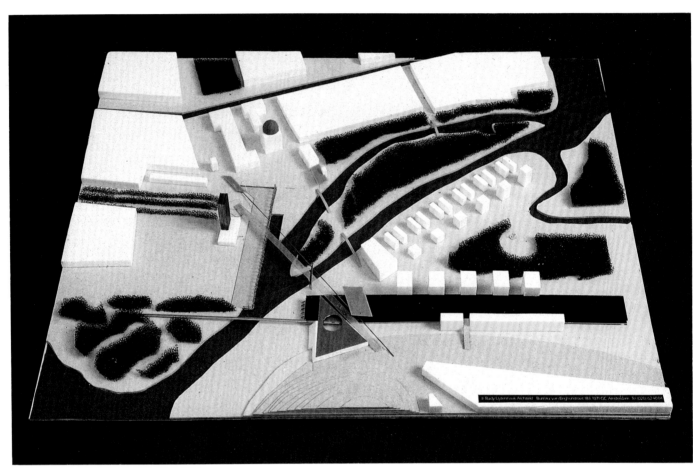

Vier-Brücken-Modell

Konstituierung der lebendigen Bürgerstadt

Für die zukünftige Entwicklung Potsdams und die damit verbundene Definition des Profils dieser Stadt – hier besonders des historischen Stadtkerns – ist ein Rückblick auf ihre Geschichte in diesem Jahrhundert notwendig. Dies gilt nicht so sehr für die Menschen in Potsdam, wohl aber für die Bedeutung des Namens dieser Stadt besonders im Ausland. Mit den Jahreszahlen 1918 und 1933 verbinden sich politische Eindrücke, die die Entwicklung vor allem in den letzten 60 Jahren nachhaltig geprägt und letztlich zur Zerstörung der Stadt beigetragen haben.

So ergeben sich bei der Definitionsanalyse nach dem zukünftigen Charakter der Stadt unterschiedliche Fragen:
Ist Potsdam die Preußen- und Soldatenstadt, die Stadt einer vergangenen Geschichte, ein Gesamtkunstwerk, nur eine Stadt wunderschöner Schlösser und Gärten?
Oder ist Potsdam Touristenstadt (wie Helgoland), Landeshauptstadt, Hochschul- und Wissenschaftsstadt, Film- und Künstleratelier, Verwaltungs- und Schlafstadt für Berlin?
Oder sollte Potsdam zukünftig nicht vielmehr eine ganz normale, lebendige Bürgerstadt mit vielen unterschiedlichen Funktionen und Ansprüchen sein, die allen Bürgern individuellen Lebensraum bietet, mit Landesregierung, Hochschulen, Schlössern und Gärten, modernen Arbeits- und Produktionsstätten, vielfältigen Wohnungen in einer Landschaft mit einem hohen Freizeitwert und eine Stadt mit einer vielfältigen Geschichte?

Die einzelnen zu untersuchenden Stadtbereiche müssen aus planerischer Sicht im Zusammenhang gesehen werden und können keinen Einzelbetrachtungen unterliegen.

Gemeinsame Grundlage für die Teilbereiche ist aber eine behutsame Stadterneuerung unter besonderer Berücksichtigung der historischen Stadtentwicklung und der sozioökonomischen Entwicklung einer demokratischen Bürgerstadt, ohne falsches Pathos und ohne eine dieser Region und unserer Gesellschaftsform fremden monumentalen Repräsentationsarchitektur.

Adolf Wilhelm Fliege

Alter Markt

Die Stadtsilhouette sollte zukünftig durch die wiederaufgebaute Nikolaikirche und die sie ergänzenden Türme gekennzeichnet sein. Dabei sollten die zerstörten Türme der ehemaligen Garnisonkirche und der Heiliggeistkirche als Landmarken und Mahnzeichen an eine schreckliche Vergangenheit neu entstehen.
Ein Wiederaufbau des zerstörten Stadtschlosses ist auch aus der Sicht der Denkmalpflege heute kaum denkbar. Doch sollte der Standort dieses Gebäudes ablesbar markiert sein.
Es sollte dort ein Bürgerhaus, ein Forum der Bürger entstehen: ein Gebäude mit Vortrags- und Ausstellungssälen, Vereins- und Clubräumen, Jugend- und Alteneinrichtungen, Studios, einer Bücherei und anderem mehr.
Es ist vorstellbar, daß die nach der Zerstörung des Schlosses verbliebenen Architekturteile als Versatzstücke eingebaut werden.
Möglich wäre außerdem, zeitgeschichtliche Elemente wie den Runden Tisch und Die Mauer hier zu dokumentieren.
Vielleicht könnte an diesem Ort auch an die Harfenjule, die Bittlinde und die Funktion des Palastes Barberini erinnert werden.
Das alte Rathaus sollte in diesem Ensemble

Planungsgruppe
Adolf Wilhelm Fliege,
Bonn

dem Oberbürgermeister wieder für repräsentative Aufgaben der Stadt zur Verfügung stehen.

Die Ufergestaltung, die Uferpromenade mit den Treppen, der Anschluß an die Lange Brücke und die vorgeschlagenen Stege zur Freundschaftsinsel sind besonderen Gestaltungen zu unterwerfen, ebenso wie das Pflaster und die Beleuchtung.

Neuer Markt und Lustgarten

Eine Abfolge von Wegen, Durchgängen, Gassen, großen und engen, befestigten und grünen Plätzen, Park- und Grünanlagen sollen von der Plantage über den Neuen Markt, den Alten Markt bis zur Heiliggeistkirche und der alten Stadtmauer verlaufen und neben dem Stadtkanal ein weiteres eigenständiges Stadt- und Erlebniselement werden.

Der Standort der ehemaligen Garnisonkirche sollte, der geschichtlichen Entwicklung entsprechend, neuen Inhalt bekommen.

Es wird vorgeschlagen, hier eine Internationale Jugendbegegnungsstätte zur Diskussion der Zeitgeschichte des 20. Jahrhunderts oder eine Geschichtswerkstatt einzurichten. In diese Einrichtung könnten auch Teile eines neugestalteten Langen Stalls mit dem erhaltenen Portal von Unger mit einbezogen werden (Seminar- oder Dokumentationsgebäude).

Für das Brockesche Palais am Stadtkanal wird unter Ergänzung der nördlichen Bauteile des Langen Stalls und der Hinzufügung eines kleinen Konferenztraktes die Nutzung als Stadthotel vorgeschlagen.

Der von kleinteiligen Architekturelementen geprägte, intime Neue Markt mit der Rats-

waage, dem Kutschstall, einer Gaststätte und der noch zu schließenden Platzwand soll wieder ein echter Stadtplatz werden.

Ein kleiner Kunstmarkt, Abendgalerien im Kutschstall, Cafés, Gaststätten und Biergärten würden hier in der Nähe des vorgeschlagenen Stadthotels am Stadtkanal, der Plantage und dem Bürgerhaus am Alten Markt eine auch abends lebendige Stadtatmosphäre erzeugen.

Um die auf diese Weise gewonnene Lebendigkeit zu erhalten, ist einem wachsenden Wohnungsverdrängungsprozeß zu begegnen.

Ebenso sollten die kleinen, keineswegs störenden Gewerbebetriebe an der Werner-Seelenbinder-Straße gestützt werden. Eine gesunde Funktionsmischung ist auch für das Wirtschaftsleben der Innenstadt dringend erforderlich.

Der ehemalige Lustgarten sollte im Zusammenspiel mit dem Filmmuseum im Marstall Ort geistig-künstlerischer Auseinandersetzungen werden.

Hier ist das Theater mit dem Musiksaal in ein Ensemble großer und kleiner Plätze unterschiedlicher Gestaltung, in die vom Fahrverkehr freie Fußgängerzone eingebunden.

Der Fahrverkehr tangiert das Theater westlich, mit den notwendigen Zufahrten für die Theaterwerkstatt und die Bühnenbereiche (z. B. bei Tourneegastspielen). Diese neue, an die Entlastungsstraße angebundene Stadtzufahrt erschließt Parkmöglichkeiten entlang der Bahntrasse in begrünten Parkterrassen oder Parkhäusern. Hier finden Theaterbesucher, Bedienstete und Künstler die erforderlichen Stellplätze.

Ein Drei-Spartentheater mit 650 Sitzplätzen ist auf einen großen Einzugsbereich ausgerichtet, der durch öffentliche Verkehrsmittel allein nicht abgedeckt werden kann. Das Theater zieht somit starken Individualverkehr an, der aber die Innenstadt nicht belasten darf. Dieser Verkehr könnte hier optimal abgefangen werden.

Die Platzgestaltung zwischen Theater und Bürgerhaus sollte die erhaltenen Architekturteile und gartenkünstlerischen Elemente des Stadtschlosses und des Lustgartens, wie Bosketten, Heckenkabinette, die Ringerkolonnade und den Neptunteich, mit einbeziehen.

Der Platz müßte heute aber mehr den »freien Geistern« und den Künstlern der Potsdamer Geschichte gewidmet sein. Damit würde die starke künstlerisch-wissenschaftliche Qualität Potsdams (von Schinkel bis Einstein) vor die soldatischen Einflüsse gestellt.

Der Platz zwischen Theater und Filmmuseum im Marstall ist der politischen Geschichte zugedacht und soll an die Ereignisse zwischen der Stadtgründung 993 und der friedlichen Revolution 1989 erinnern.

Bahnhofsbereich / Parlamentsbereich

Nördlich und südlich der Bahntrasse wird in Zusammenhang mit der Wiederherstellung des Haltepunktes »Potsdam Stadtbahnhof« und der Aufgabe von Einrichtungen der Bahn eine vollständige Umstrukturierung und Nutzungsänderung erfolgen.

Entlang der Bahn werden Investorenprojekte für Dienstleistungen und stadtverträgliches Gewerbe vorgesehen (Büronutzung, stadtnahe Serviceeinrichtungen wie Labors, Autosalons u. ä.).

Vorrang haben aber hier in unmittelbarer Nähe zum Bahnhof die Einrichtungen der Landesregierung. Durch S- und Fernbahn wer-

Alter Markt

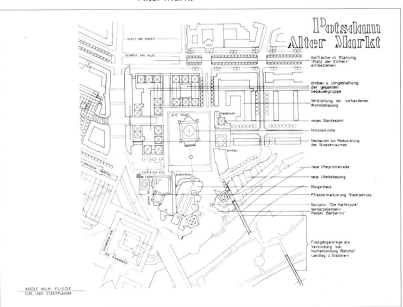

Neuer Markt

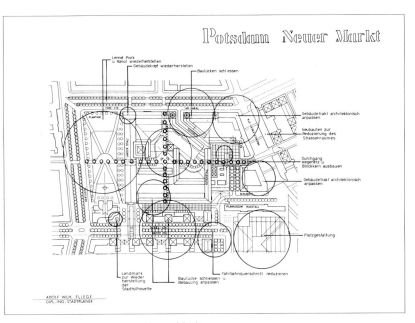

89

Bahnhof

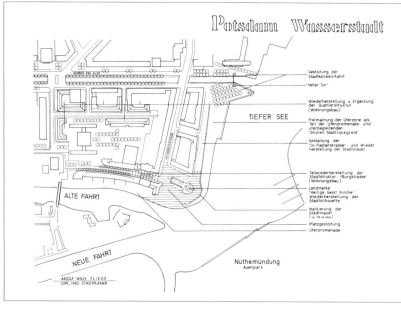

Wasserstadt

den somit die Landesregierung und das Landesparlament direkt mit dem gesamten Bundesland Brandenburg verknüpft und sind umweltfreundlich und schnell für Politiker, Bedienstete und Bürger aus allen Landesteilen erreichbar.

Das Landesparlament sollte nicht direkt in der Innenstadt Potsdams angeordnet werden, damit diese Standorte weiterhin der Kommune Potsdam zur Verfügung stehen. Es könnte jedoch in direkter Nähe und mit unmittelbarem Bezug zur Innenstadt liegen.

Somit bietet sich in Verbindung von Bahnhofsnähe und dem Landschaftsraum der Nuthemündung ein idealer Standort für die Unterbringung von Parlament, Landtags- und Ministerpräsident, Staatskanzlei, der zuarbeitenden Verwaltung und der Presse an.

Wegen der besonderen Lage im grünen Rückgrat des südöstlichen Havelufers ist es dringend erforderlich, den Bau- und Freiflächenbedarf kurzfristig zu ermitteln. Dies gilt hinsichtlich der weiteren Planungen, Verhandlungen und Investitionen im gesamten Bahnhofsbereich.

Durch den bahnhofsnahen Standort und die vorgeschlagene bahnparallele Entlastungsstraße würden die Einrichtungen des Landesparlaments die Stadt Potsdam verkehrlich nicht belasten.

Bei der Neuplanung des Bahnhofs ist die Weiterführung der S-Bahn in den westlichen Landesteil dringend notwendig, auch um unnötigen Pkw-Pendlerverkehr in die Landeshauptstadt zu vermeiden.

Verdichtete Dienstleistungszentren wie auch Ministerien sollten deshalb nur in der Nähe von S-Bahnhöfen ausgewiesen werden.

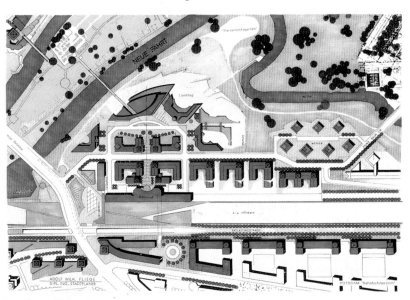

Bahnhofsgebiet

Speicherstadt

Die Landesregierung in Potsdam wird eine Vielzahl von Verbänden, Vertretungen und nachgeordneten Dienststellen und Behörden anziehen.

Um das grüne Rückgrat der Stadt auf dem südöstlichen Havelufer zwischen Caputh und Glienicke nicht zu stören, sollten hier Einzelgebäude im Grünen diesen Einrichtungen dienen. Eine Durchmischung mit Wohnungen wäre dabei wünschenswert, um eine Ghettobildung durch Verwaltungen zu vermeiden.

Die in einer kleinen Parklandschaft freistehenden, drei- bis viergeschossigen Gebäude stören somit nur geringfügig den Blick von der Stadt auf den Brauhausberg.

Für den Ausblick vom Brauhausberg auf die Stadt ist auf eine lebhafte und vielgestaltete Dachlandschaft zu achten.

Schlußbetrachtung

Da eine Stadt einen lebendigen, sich ständig verändernden und sich anpassenden Organismus darstellt, sollten Fragen der sozialen Umwelt und der individuellen Entfaltbarkeit, unter der Berücksichtigung architektonischer Bauqualität, die Grundlagen des Stadterneuerungsprozesses sein.

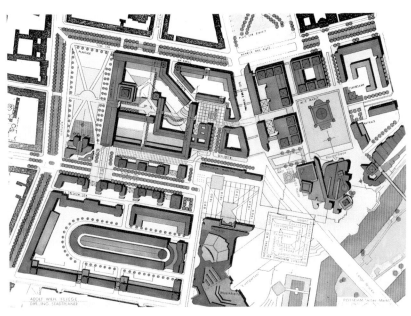

Alter Markt

91

Gestaltung und Nutzung des innerstädtischen Bereichs der Landeshauptstadt Potsdam

Volkhard Weber erklärt seinen Beitrag vor Stadtverordneten

Planungsgruppe
Volkhard Weber,
Architekt,
Dipl.-Ing.,
BDA,
Architektensozietät
Novotny,
Mähner & Weber,
Bonn

Vom historischen zum zukünftigen Potsdam

Es muß aus *politischer* Sicht die Aufgabe Potsdams, des Landes Brandenburg, Berlins und der Bundesrepublik Deutschland sein, den Geist wie auch die Problematik der Potsdamer Vergangenheit kritisch aufzuarbeiten. Dieses Ansinnen, gepaart mit dem Streben nach friedlicher Pluralität, Toleranz und Weltoffenheit könnte kaum besser ausgedrückt werden als in der Einrichtung einer Jugendbegegnungs- und Bildungsstätte, in der Jugendliche aus aller Welt Geschichte erfahren, diskutieren und gewinnbringend verarbeiten können.

Unter *kulturhistorischer* Sicht sollte es die Aufgabe Potsdams und unseres Staates sein, die kulturellen Entwicklungen und Ereignisse sowie ihre vielfältigen nationalen und internationalen Verknüpfungen darzustellen anhand der erhaltenen Substanz und den Dokumenten über die brandenburgisch-preußische Kulturgeschichte.

Hier gibt es Spannungsbögen in der Musik von Bach bis Honegger, in der Literatur von Voltaire bis Zuckmayer und Tucholsky, in der Baukunst von holländischen Handwerkerbaumeistern über Gontard, Schinkel bis Mendelssohn, Scharoun, Mies van der Rohe und Eiermann usw.

Aus *soziologischer* Sicht muß betont werden, daß Potsdam nie Museum war, sondern ein Ort, gerade auch unter dem Fürsten, mit zielstrebig aufgebauten Wohn- und Wirtschaftsfunktionen. Auch zukünftig darf Potsdam nicht den Status eines Museums erhalten, vielmehr sollen die Menschen hier leben und wohnen wie in anderen Städten und ihren be-

ruflichen, kulturellen und sonstigen Beschäftigungen nachgehen können.

In *ökonomischer* Hinsicht leidet Potsdam an dem beinahe Nichtvorhandensein der heute für einen städtischen Gesamtwirtschaftskörper erforderlichen Organe. Es fehlen weitgehend sogar die baulichen Strukturen zu deren Aufnahme.

Die Menschen müßten neben ihren Wohnungen auch ihren Arbeitsplatz und Versorgungseinrichtungen finden, dort also Geld verdienen und es ausgeben können.

Auf dem Dienstleistungssektor fehlt es z. B. im Tourismusbereich an Hotels, Restaurants und Gaststätten, damit Reisende die Möglichkeit haben, sich mehrere Tage in der Stadt aufzuhalten und dort Geld zu lassen.

Es fehlen weiterhin: Private Verwaltungen, Versicherungen, Banken, Kaufhäuser, Geschäfte des gesamten Konsumbedarfs, der alltäglichen Versorgung, Kleingewerbe, Handwerker, mittelständische Gewerbe.

Ohne diese Organe des Stadtkörpers kann heute keine Stadt ihr Wirtschaftsleben, damit ihr gesamtes soziales, also auch ihr kulturelles Leben ordnen und finanzieren. Diese Organe wiederum schaffen Arbeitsplätze, Versorgung im eigenen internen Stadtbereich, Bindung der vorhandenen und entstehenden Kaufkraft und somit der Steueraufkommen in der Stadt. Auf diese Weise fließen Gelder an die Kommune zurück, die größtenteils die Lasten für die öffentlichen, sozialen und kulturellen Einrichtungen zu tragen hat.

Bei der erforderlichen Stadterneuerung müssen folgende Maximen beachtet werden:

– Konsequente Anerkennung, Wahrung und Sanierung des baulichen Erbes und der Merkmale der historischen Stadtstruktur des Gebauten wie der Zwischenräume

Lageplan

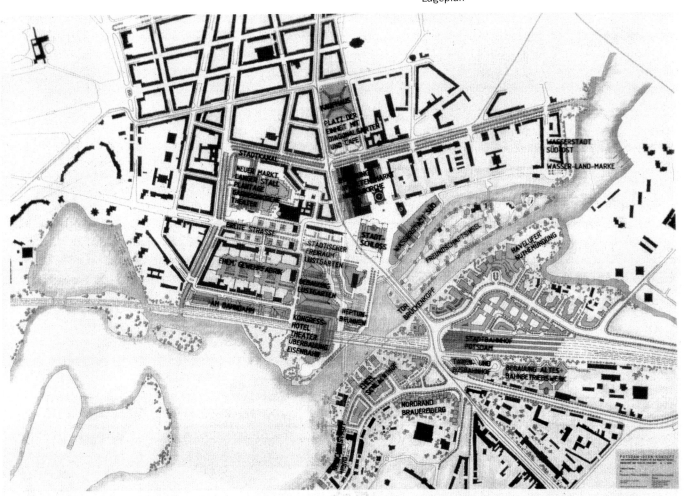

- Transformierende Würdigung der zerstörten Wahrzeichen Schloß, Garnisonkirche, Heiliggeistkirche zur Herstellung von Identitätsbrücken
- aber auch Neuanlagen von heutigen Baustrukturen, die dem modernen, aktuellen Bedarf einer lebensfähigen, sich selbst ernährenden Stadtwirtschaft angemessen ist
- Einrichtung einer Fußgängerzone zwischen stark frequentierten Punkten, Zielen und

Quellen von Personenverkehr (möglichst nur Fußgänger)

Zu solchen Punkten können gerechnet werden: wichtige massenwirksame Sehenswürdigkeiten, kaufhausartige Geschäftsverdichtungen, Freizeiteinrichtungen, aber auch Bahnhöfe. Zwischen diesen »Polen« sollten sich in der Fußgängerzone gleichzeitig Einkaufs-, Flanier-, Kultur-, Bildungs-, Ruhe- und Freizeitzonen entfalten, wie sie sich in westdeutschen Städten bereits bewährt haben (München, Stuttgart, Frankfurt a. M., Bonn etc.). Dieser Bereich müßte sich erstrecken von Wasserstadt-Süd, Stadtbahnhof/Lange Brücke, Lustgarten über Alter Markt, Neuer Markt/Plantage, Friedrich-Ebert-Straße, teilweise Stadtkanal, Wilhelmsplatz/Platz der Einheit, Holländisches Viertel bis zum Nauener Tor im Norden und dem Brandenburger Tor im Westen im Übergang zu Sanssouci.

- Zu bestimmten Zeiten ist eine Zufahrt oberirdisch zu gestatten für Anlieger und Ver- und Entsorgung; ansonsten erfolgt die Zufahrt nur über von der Peripherie hereinführende Tiefgaragenzufahrten. Der überregionale Straßenverkehr sollte außerhalb des Innenstadtbereichs abgefangen werden.
- Aktivierung und Optimierung des Stadtbahnhofs als Halt für stadtregionalen aber auch rein überregionalen Schienenverkehr
- Verbesserung des Straßenbahnverkehrs zur innerstädtischen Verbindung zwischen verschiedenen Bereichen und Stadtteilen. Optimieren des Busverkehrs bzw. auch Einführung kleiner Dieselstadtbahnen für touristische Rundfahrten
- Ausbau der Wasserverkehrsmöglichkeiten zwischen den Potsdamer Stadtteilen und bis nach Berlin hinein.

Platz der Einheit (ehem. Wilhelmsplatz)

Zur wesentlichen Verstärkung des Angebots an Einkaufsflächen (Magnetpolwirkung) nahe dem holländischen Viertel und der Friedrich-Ebert-Straße mit dem benachbarten Postamt wird ein Kaufhausgebäude vorgeschlagen, das eventuell auch mehrere Kaufhausunternehmen beherbergen kann. Die Höhenentwicklung muß sich an den bestehenden Nachbarbereichen orientieren.

Struktur und Materialwahl sollte innovativmodern sein, wenngleich sich Fassadenrhythmus und Texturproportionen durchaus auf Vorbilder der Innenstadt beziehen können.

Den Fußgängerströmen entsprechend sollten die Zugänglichkeiten an den Diagonalecken liegen. Diese Diagonalerschließung wiederholt sich in der Gestalt des Baukörpers als Hauptgliederung. Zugänglichkeit, Dachlandschaft und mittiger Dachlaternenaufsatz treten in formale Wechselwirkung mit dem verbleibenden Garten auf der südlichen Hälfte des Platzes der Einheit.

Dieser sollte in Anlehnung an seine historische Diagonalgliederung eine ebensolche in seiner jetzigen Größe erhalten. Auf dem Schnittpunkt (Mitte) der sich dadurch bildenden Sternform könnte ein Kaffeehaus entstehen aus Glas/Stahl/Naturstein.

Wegen seiner exzellenten Lage im Zentrum der Stadt hätte dieses Kaffeehaus eine erhebliche Frequentierung zur Folge.

Am Alten Markt
(Umgebung der Nikolaikirche)

Dieser Bereich wurde nach dem Zweiten Weltkrieg neu aufgebaut. Die dortigen Gebäude fallen auf durch eine stattliche Geschoßausdehnung, wie sie modernen Dienstleistungsbauten durchaus zukommen.

Diese Geschoßausdehnung wird im vorgelegten Planungsentwurf durch Anlagerungen verbessert: An beiden Längsseiten sind Glasgalerien mit nochmals vorgelagerten Gebäudehüften vorgesehen, die die Außenseiten zur Friedrich-Ebert-Straße und zur Nikolaikirche hin abschließen. Um dennoch eine die Fassade gliedernde Durchlässigkeit zu erreichen, sollten diese Abschlüsse bis zu zwei Geschosse hoch Stützen und Glaswände erhalten.

Die »Giebelseiten« der Kombination aus Glasgalerien und Gebäudeanlagerungen schauen auf den Stadtkanal und den Platz der Einheit, wobei die Auslenkungen der Glasgalerien Sichtverbindungen schaffen – zur Nikolaikirche im Osten und über die Friedrich-Ebert-Straße hinweg in die ehemalige Schwertfegerstraße zum Neuen Markt.

Dahinter könnten sich Läden, Boutiquen, Kioske, Fast-Food- oder kleine Spezialitätenrestaurants, Reisebüros, eine Touristik-Information, Kunst- und Kunstgewerbegeschäfte, Galerien, Werkstätten von Juwelieren, Musikhandlungen, aber auch Versicherungszweigstellen, städtische und private Beratungs-Unternehmen sowie derzeit auch städtische Veranstaltungsflächen und die Bibliothek befinden. Diese baulichen Anlagen würden helfen, die sicher wohltuende historische Enge der ursprünglichen Straßen- und Platzräume wiederzuerlangen.

In ähnlicher Weise könnte verfahren werden mit dem Gebäude nördlich der Nikolaikirche sowie mit der Endbebauung der ehemaligen Scherenstraße, gegenüber der nördlichen Schmalseite des historischen Rathauses.

»Klein-Venedig«, Wasserstadt-Süd

Zwischen Humboldtstraße bzw. der ehemaligen Schloßstraße/Brauerstraße und Alter Fahrt sollte eine Wiederanordnung von Baustrukturen zur Aufnahme von Großhotels erfolgen, wie sie auch früher dort anzutreffen waren. Diese Strukturen bilden nach Nord und Nordwesten eine Wand zur Wiederherstellung des historischen Platzraumes aus Stadtschloß, Altem Markt und dem Rathaus und nach Süden eine wieder dicht bis ans Wasser tretende Bebauung.

An der ursprünglichen Stelle der historischen Nachempfindung der Portikusfassade des Palazzo Barberini könnte der Glasgiebel einer großen verglasten Hotelhalle aus der Platzwand hervortreten, als Neuinterpretation und zur Erinnerung an die wichtige historische Fassadenform dort. Gleichzeitig entstünde durch diese Glashalle eine optische Achse zur Alten Fahrt/Freundschaftsinsel bis zum jetzigen Ufer der Teltower Vorstadt mit dem dort eventuell angesiedelten Landtag, alternativ dem Theater oder auch einem Kongreßhotel als Blickfang auf der Straßenachse Richtung Babelsberg.

Der Ort des ehemaligen Stadtschlosses sollte in seinem Symbolgehalt wiederaufgenommen werden, so z. B. in den Spuren der Mauern, im Bodenbelag und in Form von vereinfachten Raumkanten des ehemaligen Schloßkörpers. Diese Raumkanten könnten aus Stahlprofilen und Stahlkonstruktionen gebildet werden, und unter dem Stichwort »Stadtlaube« könnte dieses »Denk-mal-Gerüst« neben seiner symbolischen auch eine bauliche und sogar funktionale Aufgabe übernehmen: Fügte man einer solchen Konstruktion das berühmte und noch teilweise vorhandene Fortuna-Portal hinzu und füllte das stählerne »Denk-mal-Gerüst« mit einem Glaskörper auf, könnte eine Nutzung der Stadtlaube – vorzugsweise als Bürgerzentrum – erreicht werden.

Vorstellbar wäre ebenfalls, hier das Museum

Café am
Platz der Einheit
mit Blick auf
das Kaufhaus

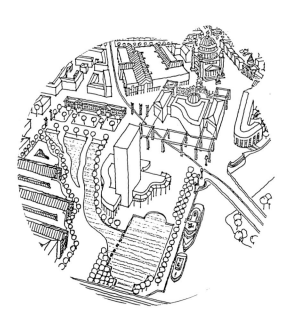

»Stadtlaube«

Neuer Markt,
Langer Stall, Plantage,
Garnisonkirche

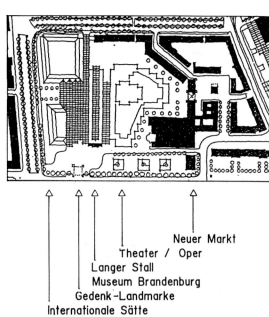

Neuer Markt

Theater / Oper

Langer Stall

Museum Brandenburg

Gedenk-Landmarke

Internationale Sätte

Jugend-, Bildung und Begegnung
mit Jugend-Hotel an Kanal-Seite

der brandenburgisch-preußischen Geschichte einzurichten oder die Potsdamer internationale politische Begegnungs- und Bildungsstätte für die Jugend.

Breite Straße, Marstall, Lustgarten, Bahnlinie, Havel

Dieser Bereich ist stadtgestalterisch wie stadtwirtschaftlich hochinteressant – als Komplementärraum zum Stadtschloßbereich wie auch als kurzfristig aktivierbare Reservefläche für Dienstleistungsbauten.
Stadtschloß, Marstall und Lustgarten waren früher von der übrigen Stadt abgeschlossen. Diese Abgrenzung soll heute mit Architektur – Stelen, entsprechend der bereits beschriebenen Konstruktion der Stadtlaube (Stadtschloß-Umformung), unter Hinzufügung von historischem Material (Naturstein, Skulpturen, Zierformteile etc.) dargestellt werden. Baumaßnahmen im Lustgartenbereich sorgten für eine intensive Nutzung dieses Gebiets. Denkbar sind eine Vielzahl von touristischen Serviceeinrichtungen, vielleicht sogar ein Kongreßhotel in Überbauung der Bahnlinie nach Süden auf der Havelhalbinsel, Einkaufsmöglichkeiten oder auch Verwaltungs- und Kultureinrichtungen.
Auf diese Weise gelänge zudem eine Verbindung des der Elements frei fließender Formen der Havellandschaft mit den baulich eher kantigen Ausprägungen brandenburgisch-Potsdamer Stadtquartiere.
Stadträumlich soll eine dynamische Wechselwirkung herbeigeführt werden durch
– das Heranführen des Stadtraumes Breite Straße/Marstall an die Havel
– das Heranführen der Havel an den Innen-

stadt-Raum über den wiederherzustellenden Neptunbrunnen-Teich als bildhafte Fortführung des Wassers im Bodenbelag
– die Auswahl und Gestaltung von Anpflanzungen, die von den neuen Bauvolumina bestimmt werden und die Platzräume bis hin zum Marstall begrenzen.

Block-Innenbereich

Die ehemalige Gewehrfabrik und der Bauhof sowie der Zwischenbereich zum Bahnhof eignen sich hervorragend als Reserveflächen für Dienstleistungs- und Verwaltungszonen, nicht störendes Gewerbe etc.

Neuer Markt, Langer Stall, Plantage, Garnisonkirche

Dieser Bereich bietet sich für zahlreiche Nutzungen im Sinne eines lebendigen Stadtlebens an.
Obwohl das zukünftige Theater – das für Oper, Schauspiel, Kammerspiel, aber auch als Probebühne geeignet sein sollte – an verschiedenen Orten der Stadt vorstellbar ist, ließe es sich hier am Neuen Markt besonders gut einbinden in weitere geplante Aktivitätsfelder. Das wäre z. B. die Einrichtung eines Museums für Politik- und Kulturgeschichte Brandenburgs im Langen Stall, das in direkter Verbindung stünde mit der Internationalen Jugendbegegnungsstätte einschließlich Jugendhotel im Bereich der Plantage. Bei häufiger Bespielung der vorgeschlagenen Probebühne wäre die Zahl insbesondere junger Zuschauer sicher sehr hoch.

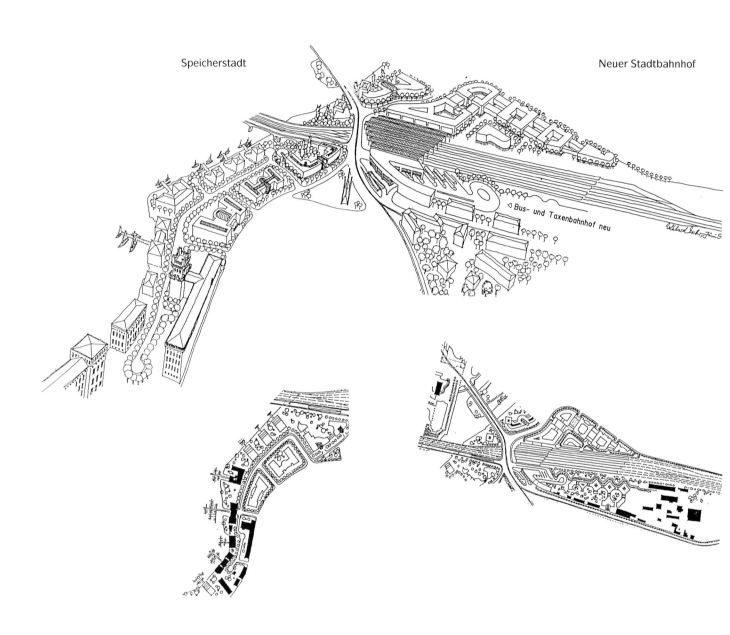

Speicherstadt

Neuer Stadtbahnhof

◁ Bus- und Taxenbahnhof neu

Isometrie

Des weiteren sollten im Bereich des Kutschstalls Kunstgalerien einziehen und kleine Gastronomiebetriebe sowie eine »Studenten-Tanz-Bar« im Keller des Jugendbildungszentrums. All dies könnte dazu beitragen, der Innenstadt zu einem Abendleben zu verhelfen.

Stadtkanal

Gäbe es diesen Kanal nicht, man sollte ihn erfinden!
Seine Wiederherstellung erscheint völlig selbstverständlich als
- stadträumlich außerordentlich prägendes Element
- Zeugnis der Entstehungsgeschichte der Stadt
- Transportweg
- Möglichkeit des Grundwasserausgleichs.

Es gibt genügend Rest-Kanal und Planmaterial, so daß eine Wiederherstellung bzw. Rekonstruktion des Kanals nebst Brücken eine durchaus realisierbare Unternehmung darstellt.

Heiliggeistkirche

Den durch die ehemaligen DDR-Behörden gesprengten Turm der Kirche könnte man in Form eines »Leuchtturms an Landspitze« thematisch als »Wasser-Land-Marke« symbolisierend herstellen.

Stadtbahnhof
(gesamtes Gebiet der ehemaligen Gleis- und Bahn-Anlage)

Der Stadtbahnhof liegt auf der Seite der sogenannten »Teltower Vorstadt«.
Dort sollen in Zukunft nicht nur wie bisher D-Züge, sondern auch TEE-Züge und Intercity-Züge halten, damit Potsdam an die schnellen komfortablen Fernzug-Verbindungen angeschlossen ist. Ebenfalls neu eingerichtet werden muß der Anschluß an das Berliner S-Bahn-Netz. Hier wird vorgeschlagen, die Trasse für die S-Bahn weiterzuführen über die Havel bis Bahnhof Wildpark, um so auch die Gärten von Sanssouci anzubinden.
Der öffentliche Ein- und Ausgang und die Bahnsteigquererschließung des neuen Bahnhofs liegt auf dem Niveau des Brückenkopfes Lange Brücke, mit der Schauseite Richtung Havel/Stadt Potsdam. Die Bahnsteigerschliessung erfolgt über Treppen, Rolltreppen und Aufzüge.
Beidseitig der Bahnhofshallen geben Schulterbauten eine bauliche Einfassung, wobei die Bebauung auf der Südseite eine Verbindung schafft zum neuen Busbahnhof, Taxenstand und einer darunter gelegenen Tiefgarage.
Das gesamte Güter-Umschlag- und Wartungsareal, soweit nicht unbedingt zum Bahnhofsbetrieb erforderlich, sollen entfallen und einer gewerblichen bzw. behördlichen Bebauung für Kauf-, Versorgungs- und Dienstleistungseinrichtungen, nichtstörendes Gewerbe sowie für Verwaltungsbauten (in privater bzw. Landesregierungs-Nutzung) zugeführt werden.

Straßenverkehr

Parallel zur verbreiterten Eisenbahnbrücke über die Havel wird eine Straße vorgeschlagen, welche den Stadtparkierungs-, Ver- und Entsorgungsverkehr bezogen auf den Südteil Potsdams aufnimmt – zumal die Lange Brücke künftig für diesen Verkehrsanteil gesperrt sein sollte. Erlaubt ist das Passieren der Brücke nur mehr für Fußgänger, Taxen, die Straßenbahn, den Omnibus und die bereits erwähnte kleine Stadtbahn.

Havel-Nuthe-Ufer, Brückenkopf-Tor

Am Havelufer könnten, mit Blick auf den Nordwesten Potsdams, attraktive Hotels bzw. Verwaltungsbauten mit Wohnungsbereichen (Boardinghouse) entstehen und damit auch Brückenkopf-Tore ausgebildet werden.
Das nordöstliche Gebiet mit Panoramablick auf Potsdam, Freundschaftsinsel, Wasser-Landmarke, Heiliggeistkirche, Havel, Glienicke-Berlin, Nuthemündung und Babelsberg eignete sich hervorragend, um dort den Neuen Landtag anzusiedeln.
Daran anschließend, Richtung Nowawes, sollten Verwaltungsbaustrukturen entstehen, die bereits jetzt von privaten Investoren gebaut und betrieben, später von der Landesverwaltung benutzt, eventuell auch erworben werden könnten.
Ginge man auf dem südlichen Gebiet des Ausbesserungswerkes ebenso vor, ließe sich auf diese Weise schnell und massiv eine Gebiets-Sanierung um den Bahnhof herum einleiten.

Schlachthof/Speicherstadt

Hier sollte in Zukunft geordnete baulich-maßstäbliche Differenziertheit walten, unter Wahrung der guten Bauten aus der Speicherstadt (s. Persius Bau). Die Uferzone, soweit neu angelegt, ist möglichst sicht- und grün-durchlässig zu gestalten und erlaubt daher nur Einzelhäuser wie Wohngebäude und Bootels als »Punkte«.
An der jetzigen Straße, in zweiter Reihe zum Ufer, wären große Hotels bzw. Büros mit Wohnzusatz- (Boarding-)einrichtungen anzuordnen, deren Größe sich an wirtschaftlichen Faktoren und der Garantie einer hervorragenden Lage orientieren muß.
Für die älteren Speicherhäuser, insbesondere das von Persius, sollten Umnutzungen in der oben erläuterten Weise erfolgen, die auch die Einrichtung von Vereins- und Bürgerhäusern zulassen.

Brauereiberg (nördlicher Rand)

Hier wird ein baulicher Abschluß in Form einer etwa drei- bis viergeschossigen Kettenhaus-Ausformung vorgeschlagen.
Der dreieckige Platz davor könnte begrünt und auf ihm ein landmarkenähnliches Standwerk errichtet werden, das die Sichtachse zum Straßenbrückenkopf vor dem Bahnhof aufnimmt.

»Mit einigen wenigen aber vollkommenen Bauten den städtischen Raum meistern« – Masterprojekte für Potsdam

Klaus Zillich

Planungsgruppe
Prof. Klaus Zillich,
Berlin
Wolfgang Engel

Mitarbeiter
Luisa Moraca
Roland Poppensieker
Andreas Martin

Entwicklungsgebiet Potsdam-Mitte

Stadtentwicklung ist ein dynamischer Prozeß, der in Potsdam nicht mit den gängigen Instrumenten wie BauGB und BauNVO gesteuert werden kann. Die Stadtentwicklung Potsdams erfordert neue städtebaulich-urbane Strategien; dazu braucht es aber Ziele, Leitbilder und Visionen.

Diese Visionen müssen Wege aufzeigen, wie hier unter Berücksichtigung des kulturellen Erbes Zukunft gestaltet werden kann.

Unser Beitrag basiert auf drei Visionen:

Vision 1 postuliert die Fortschreibung und Weiterentwicklung des Gesamtkunstwerks Potsdam. Dies stellt höchste Qualitätsansprüche an alle baulich-städtebaulich-landschaftskünstlerischen Neuordnungsmaßnahmen.

Vision 2 postuliert eine Gestaltung der Potsdamer Mitte für den Stadtbewohner und -benutzer als Fußgänger. Das bedeutet, Aufenthaltsqualität, Atmosphäre, Proportion, Maßstäblichkeit und Sequenzfolge im geschundenen Stadtkörper neu zu interpretieren. Das heißt aber auch, daß die Potsdamer Altstadt mittelfristig für den Individualverkehr zu sperren ist.

Vision 3 postuliert die funktionsfähige Installation einer Potsdam Communication, die die Einbindung Potsdams in die Welt außerhalb Arkadiens und die Sicherstellung der inneren Kommunikation über einen leistungsfähigen und bequemen Umsteigeort gewährleistet.

Die Umsetzung dieser Visionen kann nur durch ein effizientes Management geleistet werden, das einer präzisen Unternehmensphilosophie folgt: Das Unternehmen heißt Potsdam-Mitte, die Unternehmensphilosophie könnte Masterprojekt heißen, bewußt im

Unterschied zum Masterplan.

Als räumliche Ebenen für Masterprojekte sind sowohl einzelne Großbauten als auch »Stadtschollen« denkbar, die mit urbanen Strategien neue räumliche und funktionale Qualitäten erhalten können.

Urbane Strategie 1 (Historischer Stadtbereich Potsdam-Mitte) Masterprojekt: Die Lange Galerie

Mit dieser bedeutenden städtischen Infrastruktureinrichtung sollen drei städtebauliche Ziele erreicht werden:

1. Realisierung eines großen öffentlichen Bauwerks mit wichtigen Funktionen der Potsdamer Stadtkultur.

2. Beitrag zum Image Potsdams als Gesamtkunstwerk, eingebettet in das Bestreben des Magistrats, ein Weltkulturdenkmal zu entwickeln.

3. Initialprojekt zur dynamischen Neuordnung dieses historisch ältesten Stadtbereichs: Alter Markt/Lustgarten.

Zu 1. Mögliche Funktionen:
- Galerien, Ausstellungen, Museum
- gehobenes Einkaufen, Markt
- show-rooms für High-Tech, Forschung u. Entwicklung
- Bibliothek, Videothek, Computeranimation, cyberspace
- Tourismusbörse (Zentrum, Schlösser und Gärten, Landeshauptstadt, Brandenburg-Berlin)
- Kongresse, Tagungen
- Restauration, Kneipen, Wintergärten
- Anlegestelle Weiße Flotte

Potsdamer Stadtschollen

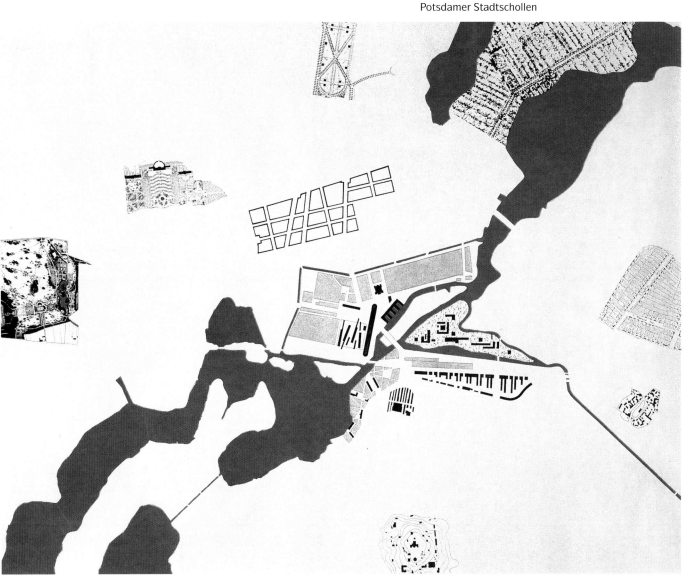

Zu 2.
Durch ein architektonisches Meisterwerk unserer Zeit, wie z. B. die Sydney-Oper oder das Centre Pompidou in Paris, soll das Image Potsdams als landschaftskünstlerisch-architektonisches Gesamtkunstwerk aktualisiert und wieder ins Bewußtsein gerückt werden. Dies erfordert unbedingt ein modernes architektonisches Werk höchster Qualität, um das preußisch-militärische Image, das durch die Wünsche nach Wiederaufbau des Stadtschlosses derzeit eher wieder auflebt, zu

Objektplan

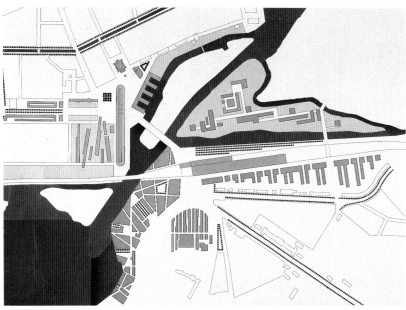

überwinden und schließlich an die Tradition von Toleranz, geistiger und architektonischer Kultur anzuknüpfen. (Vgl. die Architekten Langhans, Knobelsdorff, Schinkel, Lenné, Persius, aber auch Mendelsohn, van der Rohe, Eiermann.) Dem Gesamtkunstwerk Potsdam soll an exponierter Stelle ein neues, zeitgenössisches »Juwel« hinzugefügt werden, das dem Motto Schinkels »Mit einigen wenigen aber vollkommenen Bauten den städtischen Raum meistern« Rechnung trägt.

Zu 3.

Durch die Definition der Nahtstelle zwischen den beiden ältesten städtebaulichen Ordnungen Potsdams kommt der Langen Galerie[1] eine besondere Rolle bei der Aufwertung und städtebaulichen Neuordnung des zerstörten Potsdamer Zentrums zu. Die kartesianisch-mies'sche Ordnung der preußischen Königsstadt erfährt durch dieses auf der Achse von

1 Lange Motive sind offensichtlich eine Besonderheit Potsdams: Lange Brücke, Langer Stall, Lange Sicht, Lange Kerls...

Schloß und Lustgartenbassin trassierte Gebäude seinen baulichen Abschluß zur Havel. Sein nördlicher Teil arrondiert – einschließlich einer Kammbebauung zur Havel etwa an der Stelle des ehemaligen Palais Barberini – die bürgerliche Ordnung des Alten Marktes mit Rathaus und Nikolaikirche.

Urbane Strategie 2 (Neue Entwicklungsbereiche Brauhausberg/Nuthemündung) Masterprojekt: Stadtschollen

Das Konzept der Stadtschollen interpretiert ein zentrales Prinzip der räumlichen Entwicklung Potsdams seit seiner Einrichtung als Residenz- und Garnisonstadt: das Einfügen von in sich abgeschlossenen, als Gesamtheit geplanten städtischen und architektonisch-gartenkünstlerischen Bereichen in den weiträumigen Wasser-Landschaftsraum des Havellandes.

Dieses Einbetten künstlerisch gestalteter, gebauter »Intarsien« in einen herrlichen Naturraum wird besonders deutlich in Lennés berühmtem »Verschönerungsplan der Umgebung von Potsdam«, in dem selbst die agrikulturell genutzten Flächen gestalterisch einbezogen werden.

Die Verzahnung von Natur und Architektur wird in den einzelnen Stadtschollen, entsprechend ihrer Entstehungsgeschichte, jeweils anders interpretiert. Die einzelnen Stadtschollen können wie die abgeschlossenen, fortlaufenden Kapitel der Potsdamer Stadtentwicklungsgeschichte gelesen werden:
- die gewachsene Bürgerstadt mit Kirche und Rathaus
- die königliche Residenz/Garnisonstadt

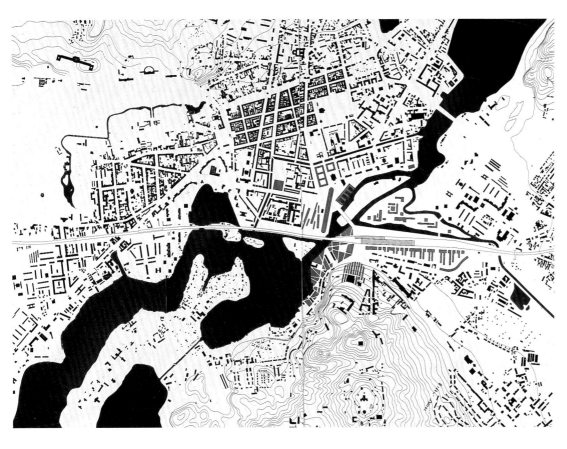

Schwarzplan
mit Objekten

– die zweite Barocke Stadterweiterung
  (einschl. Holländisches Viertel)
– Schloß und Terrassenanlage Sanssouci
– Römische Bäder/Charlottenhof
– Alexandrowka
– Schweizer Dorf
– Böhmische Kolonie Nowawes
– Neuendorfer Anger
– Berliner Vorstadt
– Astronomenberg (Königliches Observatorium auf dem Telegraphenberg).

Unser Konzept der Stadtschollen schreibt diese Geschichte fort und fügt dem Gesamtkunstwerk einige neue Kapitel hinzu:
– Ministergärten
– Brauhausterrassen
– Magazin-Viertel
– Potsdam Communication.
Die *Ministergärten* entstehen, indem man die Nuthemündung als Insel ablöst, zur Wiesenniederung renaturiert und die Solitäre der Ministerien und des brandenburgischen Landtags darin einbettet. Die Landesregierung befindet sich so in der Mitte zwischen Alt-Potsdam, Babelsberg und den Neubauge-

Isometrie

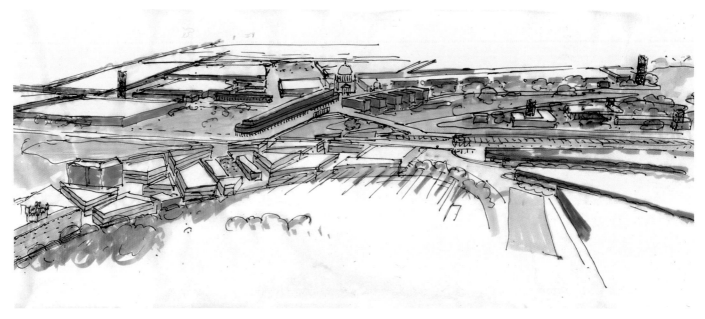

bieten im Süd-Osten, ist als Sicherheitsbereich ausgrenzbar und direkt an die Potsdam Communication angeschlossen.

Die *Brauhausterrassen* dienen als kompaktes Mischnutzungsgebiet unter Einbeziehung des Schwimmbads. Die bauliche Morphologie betont in Richtung und Terrassierung die Falllinien des Hanges.

Das *Magazin-Viertel,* am Fuß des Brauhausberges, gewissermaßen zusammengeschoben durch die Masse des Berges, ist als ein neues Stadtviertel mit hoher Dichte und Nutzungsintensität vorgesehen. Die gebaute Havelkante, vis-à-vis der Altstadt gelegen und vom Brauhausberg wie von einem Passepartout umgrenzt, schafft einen Kontrast zwischen den steinernen, kubischen Formen der erhaltenswerten Bausubstanz (Persius u. a.) und den transparenten, gläsernen Prismen der neuen Baustrukturen. Schnitte durch das Quartier betonen drei Sichtachsen:

– die Sichtachse des Persius-Magazins zur Schloß-Achse
– einen Fächer von Sichtachsen, gezogen von der Aussichtsplattform des Brauhausberges auf die Vedutenansicht von Potsdam
– Blickachsen von der Leipziger Straße zum Wasser.

Mit dem Neubau der *Potsdam Communication* erhält Potsdam-Mitte wieder einen zentralen Umsteigebahnhof.

Wir schlagen vor, die Gleistrasse, die im Bereich Babelsberg und dann wieder ab dem Bereich Lustgarten in Hochlage verläuft, im Zuge des Neubaus der Potsdam Communication ebenfalls in Hochlage zu legen. Der Reisende schaut so bei seiner Ankunft auf die Stadt und den Zusammenfluß von Nuthe und Havel hinunter. Einerseits kann eine neue Durchlässigkeit zwischen Brauhaus-Abhang und Nuthemündung sowie der Havel herge-

106

Lange Galerie

stellt werden. Viel bedeutender ist jedoch andererseits die einmalige Chance, diesen
Bahnhof zu einer hochmodernen, effizienten
und komfortablen Umsteigestation auszubauen. Durch entsprechende Zuordnung der
anderen Verkehrsträger unter der Gleistrasse
kann ein optimales, schnelles und bequemes
Umsteigen in die unterschiedlichsten Verkehrsmittel angeboten werden. Es sind dies
ICE, IC, S-Bahn, Tram, Bus (Linie, Regio, natio-
nal und europäisch), Taxi, Boots-Bus, Boots-
Taxi, Weiße Flotte, PKW , Fahrrad, Flughafen-
Zubringer.

Unter dem Gleiskörper wird ein umfangrei-
ches Angebot an Park-and-ride zur Verfügung
gestellt. Diese Flächen sind optimal angeschlossen an den Autobahnzubringer Babelsberg, über den auch der von Berlin und Span-
dau/Nedlitz kommende Verkehr eingefädelt
wird; die Verkehrsströme aus Babelsberg und
Schlaatz erhalten ebenfalls eine direkte Anbindung, wie auch die Verkehrsbewegungen
von Süden über den Brauhausberg.

Dieses Park-and-ride-System hat vielfältige
Funktionen: Entlastung der Potsdamer Altstadt, Versorgung der Ministergärten wie
auch der direkt angelagerten Büro-, Hotel-
und Supermarktnutzungen, Versorgung der
Brauhausterrassen und des Magazin-Viertels.
Der notwendige Liefer- und Individualverkehr
(Anlieger) kann über die menschengerecht
wiederhergestellten oder neu gebauten Potsdamer Straßenräume abgewickelt werden.
Durchgangsverkehr fällt wegen der guten Anbindung Potsdams an den Berliner Autobahn-
Ring ohnehin kaum an.

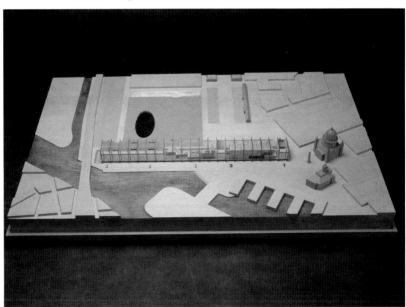

Modellansicht

Potsdam Innenstadtkonzept

Christian Wendland,
Hans Joachim Kölling,
Günther Vandenhertz,
Michael Neumann
(v. l. n. r.) vor den
Potsdamer Plänen

Planungsgruppe
Hans Joachim Kölling
Michael Neumann
Günther Vandenhertz
Christian Wendland,
Potsdam

Ein Innenstadtkonzept für Potsdam, das den besonderen Qualitäten dieser Stadt und dem hohen auf ihr lastenden Erwartungsdruck gerecht wird, muß sich schwerpunktmäßig mit folgenden Themen beschäftigen:

1. Funktionszuordnung
2. Stadtstruktur
3. Landschaftsbau
4. Verkehrsplanung

Dies wiederum erfordert eine Auseinandersetzung mit der Frage nach der Rolle, die die Innenstadt in der Stadtstruktur einnimmt und nach den zugrundeliegenden Wertigkeiten. Letztere sind zu sehen in
- der Qualität der historischen Stadt
- den neuen Funktionen als Landeshauptstadt
- der Bindegliedfunktion zwischen dem Land Brandenburg und Berlin
- der Bedeutung für den internationalen Tourismus
- der Entwicklung zu einem attraktiven Wohnstandort.

Als Zielvorgabe aller Planungen gilt es, die historische Qualität des Zentrums zu erhalten bzw. wiederherzustellen und unverträgliche, entstellende Übernahmen neuer Funktionen zu vermeiden.

Potsdams Altstadtkern steht in enger Wechselbeziehung zu den umgebenden Teilzentren, insbesondere den östlich und südlich gelegenen Hauptwohngebieten der Stadt. Zudem ist die Stadt mit wachsendem Tourismusverkehr konfrontiert, was den Schluß nahelegt, daß es insbesondere eines Verkehrskonzepts bedarf: als Basis für eine neue städtebauliche Innenstadtkomposition, die beide Havelufer einschließt.

Daher wurden vornehmlich folgende Teilgebiete bearbeitet:
- Altstadtkern zwischen Stadtkanal und nördlichem Havelufer
- Nuthemündung / Lange Brücke / Speicherstadt, Hauptbahnhof / Teltower Vorstadt.

1. Funktionsplan

Landesregierung
Funktionskomplex:
Neuer Landtag mit Bürotel
Regierungsviertel:
Heinrich-Mann-Allee, Brauhausberg

Kultur
Vorhandene Einrichtungen:
Kulturhäuser, Bibliothek, Museen, Kirchen im Altstadtbereich zwischen Altem Markt und Plantage
Neubauten:
Theater,
Stadthalle als kultureller Mittelpunkt,
Internationale Begegnungsstätte,
Skulpturenmuseum (Kutschstall)

Hotelgewerbe/Gastronomie/Freizeit
Vorrangige Standorte:
Südseite Alter Markt / Alte Fahrt
Lustgarten
Bahnhof
Speicherstadt

Bevorzugtes Wohnen
in den ruhigen Bereichen:
Lustgartenwall, Wohnufer Nord (Burgstraße)
Wohnufer Süd (Nuthemündung)
Brauhausberg-Terrassen

Neuer Landtag

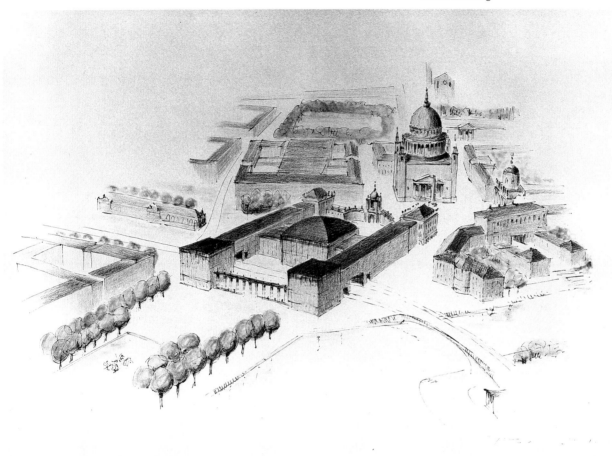

Handel/Dienstleistung/Banken
Weiterführung:
Friedrich-Ebert-Straße über Platz
der Einheit auf den Alten Markt
Neuansiedlung:
im Bahnhofsbereich
Marktansiedlung:
südlich des Bahnhofs
(vorbehaltlich RAW-Konzept)

Gewerbe
am Bahnhof:
Nordseite Bahntrasse und östlich des
Bahnhofs als Pufferzone zum Wohngebiet

Verkehr
Verkehrsströme:
Neuordnung, Bündelung, Vernetzung –
mit dem Ziel, die Innenstadt zu entlasten
Hauptbahnhof:
Konsequente Zusammenführung aller
Verkehrsträger des öPNV

109

Funktionsplan

Stadtstruktur

2. Stadtstruktur

Hauptziel: Wiederherstellung der historischen Stadtstruktur im Bereich der Altstadt, darunter historischer Rückbau der Südseite des Alten Marktes (Nordpavillon des Stadtschlosses mit Fortunaportal, Fassade des Palastes Barberini), des Neuen Marktes, der Yorckstraße und des Stadtkanals sowie Erweiterung des Stadtzentrums bis zum Brauhausberg mit neuen Raumfolgen und Sichtbeziehungen.

- Aufhebung der verkehrsbedingten Abtrennung der uferseitigen Altstadtbereiche
- Rückgewinnung von Dominanten zur Wiederherstellung der Stadtsilhouette und ihrer Blickachsen
- Beseitigung störender Eingriffe in das Stadtbild (Abstockung etc.)
- Verdichtung durch neue Baugebiete und Lückenschließungen
- Kompensierung aller erforderlichen Abbrüche in neuen Angeboten.

3. Landschaftsplan

- Öffnung des Stadtkanals und Gestaltung des Straßenprofils
- Wiederherstellung der Alleepflanzungen – Wilhelm-Külz-Straße, Plantage, Berliner Straße, Am Kanal, Am Lustgarten
- durchgehende Öffnung der Uferzonen im Südbereich
- Wiedergewinnung des Neptunteiches und seiner Anlagen
- Erweiterung des Hafenbeckens zum Wasserfoyer der Altstadt.

110

4. Verkehr

- Neubau der Havelstraße südlich der Bahn mit Anbindung an die Friedrich-Engels-Straße und einer Stadtautobahn zur Entlastung der Innenstadt vom innerstädtischen Durchgangsverkehr
- Neubau des Hauptbahnhofs als Verknüpfungspunkt von S-Bahn, Fernbahn, Straßenbahn, Bus, Wasserbus, Fuß- und Radwegen
- Verlegung des Busbahnhofs vom Bassinplatz zum Hauptbahnhof (Verkehrsberuhigung und Rückbaumöglichkeit des Bassinplatzes)
- Neugestaltung der Einfahrt zum Stadtzentrum, Verlegung der Langen Brücke und Gestaltung als Raumabschluß des Hafen-Wasserfoyers
- Umfangreiche Angebote von Kfz-Stellflächen durch Nutzung topographischer Gegebenheiten (Senken/Hänge)
- Einseitige Anordnung der Straßenbahn von der Heinrich-Mann-Allee bis zum Platz der Einheit und damit Vermeiden unnötiger Kreuzungen der Verkehrsströme
- Herausnahme der Straßenbahn aus der Friedrich-Engels-Straße
- Ausbau eines zusammenhängenden, verkehrsberuhigten Fuß- und Radwegenetzes von Sanssouci über den Platz der Nationen, den Alten Markt bis zum Hauptbahnhof und weiter zur Landesregierung sowie zum Hotelkomplex.

Landschaftsplan

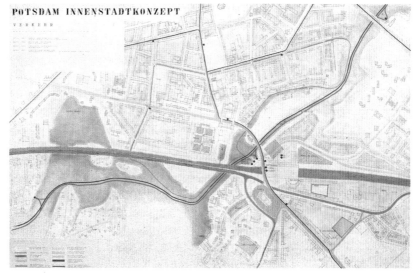

Verkehrsplan

111

Deutsches Historisches Museum Potsdam

Torsten Krüger (r.)
und Enrico Fontanari (l.)
vor dem Modell der
Architekten Krüger,
Salzl, Vandreike

Planungsgruppe
Torsten Krüger
Uwe Salzl
Bertram Vandreike,
Berlin
mit
Christiane Schuberth

Mitarbeiter
Ole Lehmann
Georg Lahr-Eigen

Zur Philosophie der Stadt

Das, was heute »neu« und überraschend wirkt, zählt morgen schon zum Alltag, wird verwandelt, überholt und verändert im Wirbel unseres Lebens, und erstaunt empfinden wir, daß unser Gegenstand, gerade geboren, schon die Spuren unseres Seins trägt, und wir erkennen das Wesen unserer Umwelt im Nebeneinander von Neu und Alt. Es ist der Blick in die Vergangenheit, der unbestechlich das Abbild unserer Geschichte vor uns ausbreitet, auf dessen Grund wir bereits in die Zukunft sehen können.

Unsere Gesellschaft ist gekennzeichnet durch das Nebeneinander von Alt und Neu, dem Gegensatz von Tradition und Innovation, in deren Mitte wir selbst uns befinden. In jeder Gesellschaft bildet sich ein Verhältnis dieser beiden Gegenpole heraus, das letztlich Ausdruck für die Haltung des Menschen zu seiner Umwelt ist.

Die Struktur und Gestalt der Stadt sind Resultat vieler Geschichtsepochen, deren Ereignisse im Stadtbild ihre Spuren hinterlassen haben. Dieser Stadtbildungs- bzw. Stadtentwicklungsprozeß führt zu einem vielschichtigen Überlagern und Verknüpfen einzelner Elemente, zu Neuinterpretationen oder Adaptionen des Bestehenden, bis hin zu grundsätzlich Neuem.

Die Stadt als faßbare, konkret existierende Einheit ist deutlichste Vergegenständlichung dieses Prozesses. Sie soll Ziel dieser Untersuchungen sein, auf deren Grundlage von den Verfassern eine zeitgemäße Konzeption entwickelt wird.

Die Chancen nutzen –
Potsdam wächst nach Innen

Wo einst das Zentrum Potsdams lag, entstand nach dem Krieg städtisches Ödland. Reste früherer Baukultur mußten der verkehrsgerecht geplanten Stadt weichen. Das, was blieb, reichte nicht aus, um städtisches Leben zu erhalten. Urbanität lebte in bescheidenem Maße fort, wo städtische Strukturen dies noch erlaubten. Die Stadt wucherte zwar nach außen, entwickelte sich aber nicht im Zentrum.

Der Anspruch an das Zentrum Potsdams wird nun neu artikuliert. Es ist an der Zeit, daß Potsdam wieder nach innen wächst.

Visionen müssen erschaut werden, Träume in den Bereich des Realen vordringen und Vorausgedachtes gegenständlich machen, damit Potsdam wieder seine Mitte erhält.

Potsdams Mitte am ursprünglichen Ort muß zwar Mitte historischer Identifikation sein, darf aber nicht Abbild ihres ursprünglichen Zustands sein.

Die alte Stadt läßt sich nicht reproduzieren. Jede Reproduktion ist zwangsläufig eine Kopie von Äußerlichkeiten, die in einen unbekannten geschichtlichen Zusammenhang gestellt werden.

Es wird deshalb ein Bild des künftigen Potsdam gezeichnet, das zwar wesentliche ursprüngliche urbane Qualitäten wiederherstellt, jedoch nur partiell mit den Mitteln der Kopie von nicht mehr Vorhandenem.

Historisches Identifikationspotential soll im wesentlichen auf stadtstruktureller Ebene wiedergewonnen werden. Zugleich wird eine Potsdamer Mitte entworfen, die Raum läßt für neue kompositorische und funktionelle Elemente.

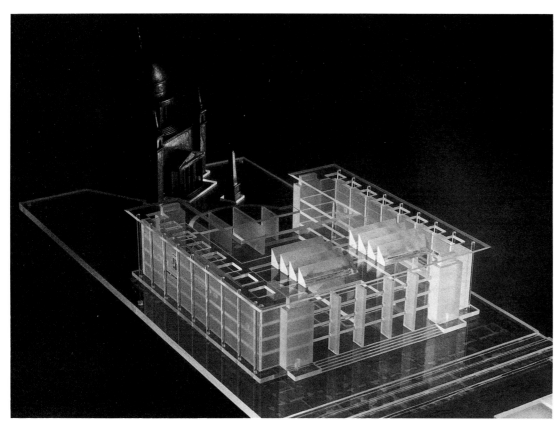

Stadtgrundriß und -silhouette werden als ein sich ständig in Veränderung befindlicher Organismus angesehen.

Potsdams alte Mitte –
Stadtschloß und Lustgarten:
Chronologischer Ansatz an einem
Ort besonderer Geschichtlichkeit

Einstmals war der Ort durch einen prächtigen Schloßbau geprägt. Das Schloß wurde durch Bomben beschädigt und später vollends beseitigt.

Es entstanden weitläufige Verkehrsanlagen und ein Hotel, die den Ort zum städtebaulichen Ödraum werden ließen.

Stadtreparatur tut not. Der Traum vom Wiederaufbau des Schlosses eignet sich weder als Form von Geschichtsbewältigung noch beantwortet er die Frage nach den neuen Inhalten und kollidiert darüberhinaus mit zum Teil veränderten stadtfunktionellen Anforderungen.

Am Ort des ehemaligen Stadtschlosses entsteht ein neues Gebäude, das die Hülle bildet für Möglichkeiten weitaus differenzierterer Geschichtsaufarbeitung: es beherbergt das Deutsche Historische Museum.

Das Gebäude trennt den Bereich um den Alten Markt vom Bereich entlang der Langen

Potsdam Modell

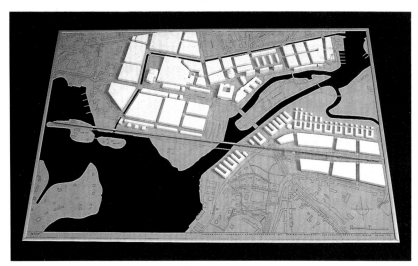

Brücke/Breiten Straße. Die Wiederherstellung ursprünglicher stadträumlicher Qualitäten am Alten Markt wird so möglich. Zur Langen Brücke hin ist das Gebäude wesentlicher Bestandteil einer räumlichen Fassung, ohne den Verkehrsfluß zu behindern.

Die insbesondere auf die Entwicklung Brandenburgs und Preußens ausgerichtete Konzeption umfaßt alle Lebensbereiche der Region und ist somit eine sinnvolle Ergänzung des Berliner Gegenstücks.

Alter Markt – Wiedergewinnung von Identität und Urbanität am zentralsten Ort der Stadt

Stadtidentität und Urbanität wird im Bereich um den Alten Markt durch die Herstellung ursprünglicher Raumverhältnisse und Konturen wiedergewonnen.

Wo sollte Identität wiedergewonnen werden, wenn nicht am zentralsten Ort der Stadt?

Was für den Platz selbst gilt, sollte auch für den ihn umgebenden Bereich zwischen wiederhergestelltem Kanal, Neuem Markt, Marstall und Havelufer gelten.

Maßstabbrechende Gebäude in der Umgebung der Nikolaikirche werden abgerissen und durch sensiblere Raumstrukturen ersetzt.

Das Palais der Landesregierung am Alten Markt dient repräsentativen Zwecken des Ministerpräsidenten.

Der Alte Markt wird durch den Neubau des Deutschen Historischen Museums vom Verkehrsstrom entlang der Langen Brücke/Breiten Straße abgekoppelt.

Die Friedrich-Ebert-Straße wird rückgebaut und dient nur noch der Erschließung der Innenstadt (hauptsächlich durch öffentliche Verkehrsmittel). Der Fahrverkehr in Richtung Berliner und Nauener Vorstadt wird bereits am südlichen Havelufer nach Osten abgelenkt.

Garnisonkirche, Plantage und Neuer Markt – Beleben einer historischen Struktur: Das Theaterviertel

Durch den wiederhergestellten Stadtkanal erhält das Areal nördlich und westlich eine Fassung.

Die Plantage wird als städtischer Gartenplatz konzipiert.

Der in seinem Charakter im wesentlichen erhalten gebliebene Neue Markt soll im historischen Sinne rekonstruiert und funktionell aufgewertet werden.

Anstelle der Garnisonkirche entsteht, nicht versteckt sondern an repräsentativer Stelle, das neue Potsdamer Theater. An dem auch für die Silhouettenbildung der Stadt wichtigen Standort wird in historischem Bezug ein neuer Turm errichtet.

Bibliothek und Konzertsaal befinden sich in den Gebäuden des Areals und werden über den Langen Stall erschlossen.

Zwischen Plantage und Markt wird der Baublock durchquert und im Innern verdichtet.

Stadtpalais' ergänzen die Bebauung an der Breiten Straße.

Stadtkanal, Wilhelmplatz und Wasserstadt – die Begrenzungen der wiedergewonnenen Mitte

Der Stadtkanal wird vollständig wiederhergestellt. Er bildet die nördliche und westliche Grenze der wiedergewonnenen Mitte Potsdams. Angrenzend entsteht der Wilhelmsplatz als großflächiger Gartenplatz, wobei ein Kaufhausneubau an dessen Nordseite die Raumkontur eindeutig bestimmt.

Die Wasserstadt südlich der Heinrich-Mann-Allee ist ein Areal, auf dem in der Nachkriegszeit Entstandenes nicht mit dem Ziel der radikalen Wiederherstellung des historischen Stadtgrundrisses negiert werden muß; noch vorhandene historische Spuren sollen jedoch gesichert werden.

Im Grenzbereich zu Altem Markt und Nikolaikirche sind räumliche Korrekturen erforderlich.

Die Öffnung und Durchgrünung entlang des Havelufers bleibt bestehen. Den Grünzug durchquert eine promenadenartige Straße, die den Bereich um Burgstraße und Stadtkanalmündung mit dem Alten Markt verbindet.

Historizität der Stadtentwicklung kann in der Wasserstadt durch Überlagerung zweier Stadtstrukturen erlebbar gemacht werden.

Südliches Havelufer und Teltower Vorstadt, Stadtbahnhof und Reichsbahngelände – Öffnung zur Stadt

Potsdam braucht für den Personenverkehr (Intercity, D-Züge, Nahverkehr) einen neuen Bahnhof in der Stadt.

Der Güterumschlag wird künftig nicht mehr im Bereich des Stadtbahnhofs erfolgen.

In der Konsequenz sollten auch die Bahninstandsetzungsbereiche (RAW) ausgelagert werden.

Die neuen Gleise für die Personenbeförderung werden von der Havelüberführung ausgehend bis in die Nähe der Nuthe-Schnellstraße auf Pfeiler gestellt.

Zwischen Friedrich-Engels-Straße und Nuthemündung entsteht so ein zusammenhängendes Stadtareal – die Bahnhofstadt.

Die neue Bahnhofstadt ist mit der Speicherstadt verbunden, öffnet sich zum Havelufer und führt die Teltower Vorstadt an das alte Potsdam heran.

Dem Bereich südlich der Langen Brücke kann erstmals ein der Innenstadtlage adäquater Charakter verliehen werden.

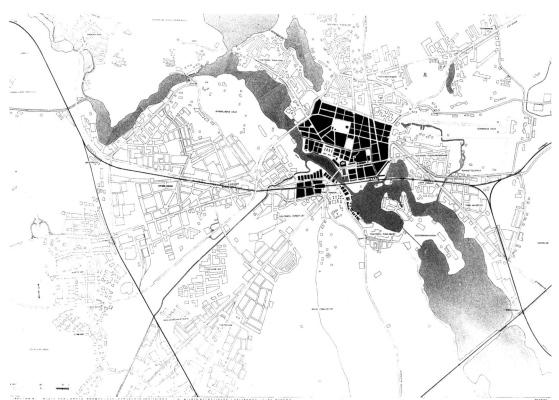

Topographie und
Stadtstruktur

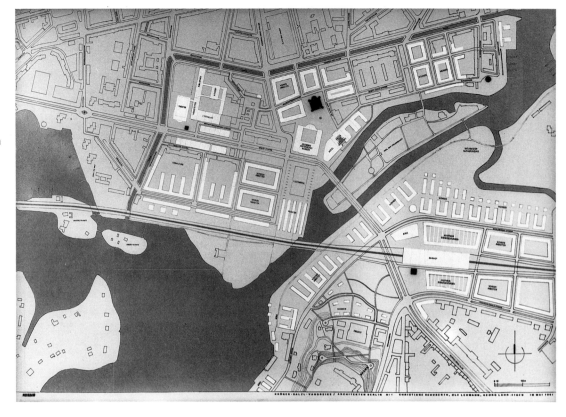

Strukturplan

116

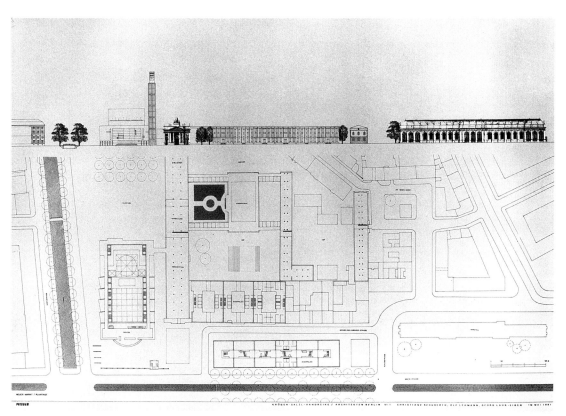

Neuer Markt,
Plantage

Theater,
Breite Straße

Innenstadt
mit Blick
nach Süden

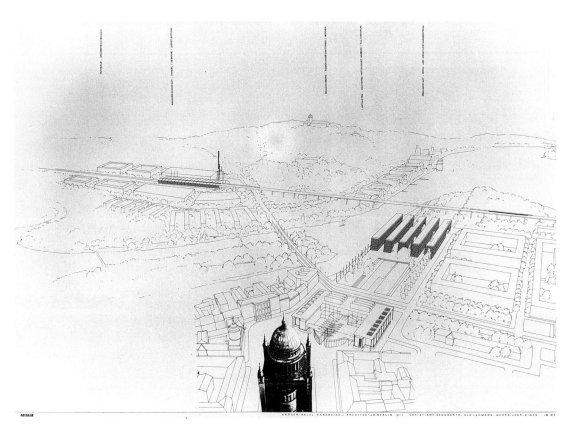

Speicherstadt und Brauhausberg – ein Viertel für die Geschäftswelt, zum Wohnen und für die Landesregierung

Die in der Speicherstadt momentan noch vorhandenen großflächigen Arbeitsstätten werden zentralstädtischen Funktionen weichen. In repräsentativer und äußerst verkehrsgünstiger Lage bietet sich der Standort besonders für die Ansiedlung von Management- und Verwaltungsbereichen in Wirtschaft und Politik an.
Am Havelufer wird die Struktur durch Wohnbebauung ergänzt.

Die funktionelle Neudefinition der Speicherstadt eröffnet die Möglichkeit, den Uferbereich zwischen Leipziger Straße und Havel stärker zu öffnen. Während die Speicherstadt durchgrünt wird, erhält die Leipziger Straße uferbegleitenden Charakter, und das Grün des Brauhausberges wächst bis an das Havelufer heran.
Auf dem Gelände des Brauhausberges werden Landesregierung und Parlament angesiedelt.
Am südlichen Kopf der Langen Brücke wachsen Speicherstadt und Bahnhofstadt zusammen. Es entsteht das neue Tor zur alten Stadt.

118

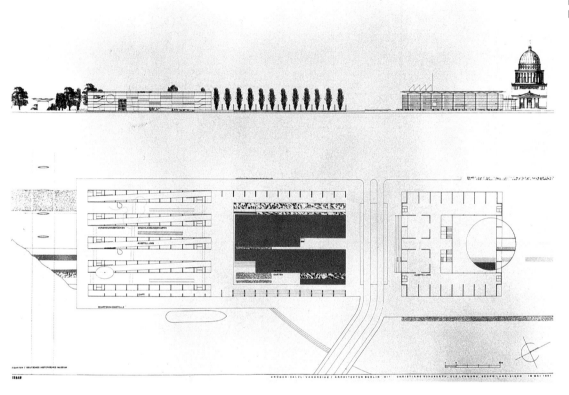

Das Verkehrskonzept am Fuß des Brauhausberges – Planung konsequent zu Ende denken

Speicherstadt und Bahnhofstadt müssen an das Netz der Hauptverkehrsverbindungen angeschlossen werden, wobei mit erheblichen Verkehrsströmen in und aus diesen Gebieten zu rechnen ist. Die Zusammenführung aller Straßen in einen Knoten läßt sich nicht mehr realisieren.

Wenn im Bereich der alten Potsdamer Mitte die baulichen Strukturen wieder verdichtet werden und der Bereich zwischen Stadtkanal und nördlichem Havelufer von Durchgangsverkehr freigehalten werden soll, dann muß der Fahrzeugverkehr aus Richtung Süden in Richtung Nauener und Berliner Vorstadt bzw. Berlin bereits vor dem Havelübergang in östlicher Richtung zum Anschluß Zentrum-Ost, Nuthe-Schnellstraße/Übergang Humboldtbrücke bzw. über Babelsberg direkt nach Berlin abgeleitet werden.

Mit der Bebauung und städtebaulichen Fassung der Speicherstadt und Bahnhofstadt sowie des Empfangsbereiches vor dem neuen Bahnhof muß auch der Verkehrsraum innenstadtgerecht gestaltet werden.

Deutsches
Historisches Museum,
Neuer Lustgarten,
Landtag,
Nikolaikirche

Empfehlungen an den Magistrat der Landeshauptstadt Potsdam

Theaterneubau an der Plantage

Als erste Maßnahme sollte der Wettbewerb für das Theater zusammen mit der Gestaltung der Plantage vorbereitet werden.

Die konkreten Projekte in einigen Arbeiten geben Hinweise auf ein mögliches Programm und Gestaltungsgrundsätze für die Transformation der Figur des Langen Stalls als maßstabgebende Platzkulisse und Eingangszone für die Theaterbauten. Das Wettbewerbsverfahren sollte offen sein und Zuladungen internationaler Architekten ermöglichen.

Der Stadtkanal

Für die Gestaltung der Kanaleinfassung, der begleitenden Uferzonen und des Platzes der Einheit (Wilhelmsplatz) wird ein engerer landschaftsplanerischer Wettbewerb vorgeschlagen, nachdem das wasserwirtschaftliche Konzept für den Kanal entwickelt ist.

Die begleitende Bebauung am Kanal sollte auf der Grundlage eines eindeutig definierten Profils des Stadtraumes in der Form beschränkter Gutachten in Zusammenarbeit mit den jeweiligen Bauherren entwickelt werden.

Wasserstadt Nord

Die Möglichkeit, das Gebiet der Wasserstadt Nord wieder in den städtischen Kontext des historischen Zentrums einzubinden, ist eine Aufgabe, für die ein seminaristisches Verfahren vorgeschlagen wird, um die Bewohner des Gebietes in die Erörterung der Planungsziele und in die Entwicklung der Planungskonzepte mit einzubeziehen. Dies gilt sowohl für die planerischen Eingriffe im Wohngebiet selbst als auch für die Gestaltung der Uferzone. Die Verbindung zum Stadtkanal an der Nordseite des Wohngebiets bedarf dabei besonderer planerischer Sorgfalt.

Alter Markt / Lustgarten

Viele Pläne zeigen, daß diese historisch zusammenhängenden Bereiche auch jetzt zusammen behandelt werden müssen. In der Betrachtung der beiden Gebiete in einem stadträumlichen Kontext läßt sich zum einen die Rolle der Straßen, ihr Rückbau und die Verlagerung der Trassen bestimmen, zum anderen lassen sich die Fragen der baulichen Interpretation des Stadtschlosses als Erinnerung sowohl stadträumlich als auch inhaltlich qualifizierter diskutieren.

Einig sind sich die Teilnehmer des Seminars, daß ein wie auch immer als Stadtschloß aufgebautes Hotel eine unerträgliche Banalität darstellte. Die Seminarteilnehmer fordern eine angemessene öffentliche Nutzung.

Ob der Ort des Stadtschlosses im engeren oder weiteren Sinn Sitz des Landtags werden soll, findet unterschiedliche Antworten. Befürwortet wird die Zusammenfassung der Landesregierung mit Landtag am Brauhausberg, wie auch die Ausweisung von Flächen von Regierungsbauten (»Ministergärten«) in dem Landschaftsraum nördlich des Bahnhofs.

Es ist deutlich geworden, daß die Standortfragen der Landesregierung weiter untersucht werden müssen. Nach einer politischen Klärung der Nutzungskonzeption für den Standort des Stadtschlosses wie auch für die Einrichtungen der Landesregierung kann ein Wettbewerb vorbereitet werden.

Stefan Schroth formuliert die Empfehlungen der Seminarteilnehmer an den Magistrat der Landeshauptstadt Potsdam

Die Speicherstadt

Die bauliche Entwicklung analog zu dem von den Seminarteilnehmern vorgeschlagenen Programm soll ebenfalls im Rahmen eines Wettbewerbs vorbereitet werden. Dessen Auslobung setzt die Untersuchung des baulichen Zustands der Gebäude und die Erstellung qualifizierter Planungsunterlagen voraus, die auch die Aspekte des Wasserbaus und der Uferbefestigung beinhalten müssen. Die Klärung der Eigentumsverhältnisse und Fragen der Umnutzung der Gebäude sollen von einer gesondert beauftragten Planungsgruppe bearbeitet werden.

Bahnhof und Bahnhofsumfeld

Die Wiedergewinnung großer Flächen durch den Rückbau des Güterbahnhofs einerseits und die Wiederherstellung des Naturraums an Nuthe und Havel andererseits machen dieses Areal zu einem Entwicklungsbereich mit großen Potentialen, aber auch mit gewissen Empfindlichkeiten.

Die Chance, den Bahnhof zum zentralen Ankunftsort in der Stadt mit Umsteigemöglichkeiten in öffentliche und private Verkehrsmittel zu Wasser und zu Lande zu machen, in Verbindung mit der Ansiedlung großflächiger gewerblicher Nutzungen und Einkaufsmöglichkeiten, birgt möglicherweise die Gefahr in sich, daß dieser Bereich ein Übergewicht gegenüber der Nutzungsentfaltung des kleinteiligen historischen Zentrums gewinnt. Aus diesem Grund erscheint es wichtig, diesem Einkaufsstandort einen eigenen Charakter zu geben, in dem nicht die Konkurrenz, sondern die Unterschiedlichkeit zum historischen Zentrum thematisiert wird.

Planungsorganisation

Alter Markt, Lustgarten und der Standort der Landesregierung, der Bahnhofsbereich und die Speicherstadt stellen große Entwicklungsaufgaben dar, für die das Seminar eine Reihe von Anregungen geliefert hat.

Die Fortführung dieser Planung bedarf einer qualifizierten Begleitung durch ein vom Magistrat berufenes Gremium wie auch der Einsetzung von Trägergesellschaften, die diese Bereiche in Zusammenarbeit mit der Stadt entwickeln können.

Ein besonders wichtiges Thema ist der Rückbau der Breiten Straße im Rahmen eines übergeordneten Verkehrskonzepts – als Voraussetzung für die Wiedergewinnung des historischen Stadtraums im Kontext mit dem Alten Markt und dem Lustgarten.

Die Beiträge des Seminars verstehen sich als Vorschläge und Anregungen für die Entwicklung eines städtebaulichen Rahmenplans, der dazu beitragen soll, das Gesamtkunstwerk Potsdam wiederherzustellen und fortzuentwickeln.

Potsdam, den 30. Mai 1991
gez. die Seminarteilnehmer

Variationen über das Thema

Im zweiten Teil des eingangs beschriebenen seminaristischen Verfahrens enthüllten die elf eingeladenen Architektengruppen am 28. Mai 1991 ihre Arbeiten und brachten sie an den Wänden des Tagungsraumes an. Bei diesem geschäftigen Treiben erahnte man bereits aufgrund der Unterschiedlichkeit der Präsentation die später wiederholt bewunderte Vielfalt der Vorschläge.

Angefangen von wenigen raschen Strichen auf Pergament über sehr konkrete Planzeichnungen bis hin zum Triptichon auf Karton und antikisierenden Tafelbildern war alles vorhanden, und es wuchs bei den Teilnehmern das Bedürfnis, sich über das Mitgebrachte auszutauschen. Daneben wurden auch Modelle gezeigt, wobei Kees Christiaanse den übrigen Teilnehmern anbot, ihre Vorschläge in das Modell seiner Gruppe hineinzubauen.

Nachdem die Arbeiten im Kreise der Architekten vorgestellt und besprochen waren, manch einer noch letzte Hand angelegt hatte, sollten die Planungsentwürfe am darauffolgenden Tag mit Stadtverordneten und geladenen Sachverständigen diskutiert werden. Während einer dreieinhalbstündigen Diskussion wurden schwerpunktmäßig folgende Themen behandelt:
- Wiederherstellung historischer Stadtstrukturen
  Alter Markt / Stadtschloß
- Vorstadt, Neustadt, City-Center
- Städtebau und Architektur
- Verwertbarkeit des seminaristischen Verfahrens.

Zur Frage der Wiederherstellung historischer Stadtstrukturen kam man überein, daß zunächst grundsätzlich geklärt werden muß, ob man aufbauen oder es lieber unterlassen will. Entscheidet man sich für einen Aufbau, gibt es zwei Wege der Realisierung, was für Potsdam und insbesondere den Alten Markt hieße, entweder eine exakte Kopie des Stadtschlosses oder aber ein völlig neues Gebäude zu errichten. Ein Fragment z. B. in Form von Stahlgerüsten zu bauen, wurde als Vorschlag kritisch aufgenommen, da solche Lösungen zwar an einen historischen Ort erinnern, letztlich aber einen Nichtort schaffen. Unter der Voraussetzung, daß die alte Struktur erkannt und respektiert wird, plädierten die Seminarteilnehmer für eine neue Architektur mit angemessener öffentlicher Nutzung. Keinesfalls jedoch, darin war man sich sehr bald einig, sollte dort ein wie auch immer als Stadtschloß aufgebautes Hotel entstehen, da dies eine unerträgliche Banalität darstellte.

Aufgefordert zu offener »Manöverkritik«, äußerten sich die Sachverständigen Professor Trieb von der Universität Stuttgart und S. Reiß-Schmidt vom Kommunalverband Ruhrgebiet begeistert über die italienischen Arbeiten, die neben Logik und Verständnis für die Morphologie des Stadtgrundrisses, von Großzügigkeit des Sehens, Denkens und auf Langfristigkeit angelegten Entwerfens zeugen. Professor Trieb wies zudem auf die besondere geschichtliche Qualität hin, daß Potsdam wiederum aus Italien, dem Land früherer baulicher Anregungen, eben jene planerische Kraft gespiegelt erhält. Einschränkend bewertete S. Reiß-Schmidt die Arbeit von Franco Stella als ohne jede Spezifik und somit ortlos.

Da sich mehrere Seminarteilnehmer ebenfalls verständnislos gegenüber Stellas Vorschlag äußerten – Kees Christiaanse meinte gar, er schaffe eine völlig neue Stadtstruktur, noch dazu auf historisierende Weise –, sah sich der Architekt veranlaßt, seine Vorgehensweise zu erläutern. Dabei hob er hervor, daß es sich bei seinem Vorschlag keineswegs um eine zufällige Erfindung handelt, sondern um einen entworfenen Platz, der an einen alten Terminus erinnert. In Anlehnung an eine antike Form wurde Wasser eingefügt, welches das Monument umgibt, das von den übrigen Räumen der Stadt abgetrennt erscheint. Der Errichtung eines solcherart dominierenden Bauwerks wiederum liegt seine These zugrunde, daß eine Dialektik besteht zwischen der Ausnahme (Monument) und der angrenzenden gleichartigen Bebauungsstruktur, die in seinem Planungsgebiet ebenfalls zu finden ist.

Ergänzend fügte er hinzu, daß auch eine Demokratie ihre Denkmäler oder Monumente bauen sollte. In den letzten vierzig Jahren DDR-Bautätigkeit sind auffallend wenige entstanden, da man sich in dieser Zeit eher in Bauvolumen und industriell gefertigten Produkten erschöpfte, »die wie Häuser aussehen sollten«.

Nach einem kleinen Exkurs über Monumente äußerte Giorgio Lombardi, daß man bemerkenswerte Entdeckungen mache, wenn man die Geschichte von Monumenten zurückverfolge. In ganz Europa finden sich nämlich, gräbt man unter Monumenten, weitere Monumente, was darauf schließen läßt, daß nicht die jeweiligen einander ablösenden politischen Systeme Standort und Funktion bestimmen; entscheidend ist vielmehr die Idee der Stadt, die konstant bleibt und die verschiedensten politischen Strömungen überlebt. Letzteres gilt auch für Potsdam, wo vor vierzig Jahren das Begräbnis der Architektur begann. Unabhängig davon, ob man an der Stelle des Stadtschlosses ein Museum oder den Landtag vorsieht, hat man durch die Standortwahl bereits hypothetische Funktionen für den betreffenden Bau geschaffen.

Den Alten Markt und die historische Innenstadt verlassend, kam man zum Thema Vorstadt, Neustadt, City-Center, insbesondere dem Gebiet südlich der Havel, das künftig Kernbereichsfunktionen übernehmen muß. Es stand dabei außer Frage, daß das historische Potsdam nicht an der Havel aufhört. Klaus Zillich führte dazu aus, daß Potsdam inzwischen eine große Stadt geworden sei, deren neue Ansiedlungen wie auch Babelsberg nicht als Vorstadt bezeichnet werden können: Eine solche Bezeichnung zeuge von einem grundsätzlich falschen Denken. Ungeachtet der Qualität der Bebauung muß man zur Kenntnis nehmen, daß mit der weiteren südlichen Ausdehnung der Stadt dort auch lebendige Energien und die Psyche der Stadt liegen. Wenn man zudem davon ausgeht, daß sich der Bahnhof im Zentrum zwischen Alt-Potsdam, Babelsberg und den Südstädten in der Schwerkraftmitte befindet, erkennt man darin ein Gebiet, das wahrlich nicht nur »vorstädtische« Perspektiven hat. Man sollte sich unbedingt vor pejorativen Wertungen hüten, die »Vorstadt« gleichsetzen mit einem »außen vor«. Gewarnt werden muß außerdem vor synthetischen Stadtzentren und sogenannten City-Centern, die häufig Ungleichzeitigkeiten in der Planung von Ergänzungsfunktionen beinhalten. Angemessen und realistisch erscheint es dagegen, von attraktiven Subzentren auszugehen, die Bezug nehmen auf die historische Innenstadt, jedoch nicht mit ihr in Konkurrenz treten.

Breiten Raum nahm in der Diskussion die Frage nach dem Verhältnis von Städtebau und Architektur ein. Daß es sich dabei um eine gespannte, bisweilen krisengeschüttelte Beziehung handelt, wurde sogleich in einem Beitrag von Augusto Romano Burelli deutlich, der für die Situation in Italien konstatierte, daß dort die Städte und die Architektur von kleingeistiger Politik und Planung ruiniert wurden. Auch tritt man niemandem zu nahe, wenn man behauptet, daß die dortigen Architekten heute »frustriert in den Taschen der Politiker leben«. Gerettet haben sich nur diejenigen, die sich auch mit der Fassade beschäftigt haben, obwohl das Thema der Fassaden nicht einmal mehr unterrichtet wird; es entstehen also Kompositionen ohne Fenster, Türen und dergleichen. Generell müssen Zweifel an der Verfahrensweise angemeldet werden, daß Stadtverwaltungen völlig autoritär darüber befinden, was gebaut wird und was nicht.

Im weiteren Verlauf der Diskussion zeigte sich, daß es überaus schwierig ist, gültige Aussagen darüber zu treffen, wie der »gute« Städtebau beschaffen sein sollte, damit eine fruchtbare Symbiose mit der Architektur stattfinden kann. Vom Grundgedanken her neutral, offen für die verschiedensten Möglichkeiten und daher wünschenswert, birgt er jedoch die Gefahr der Mittelmäßigkeit. Durch dieses Stichwort von Bernd Faskel »provoziert«, erläuterte Kees Christiaanse, als ein Befürworter des »neutralen Städtebaus«, was unter dem Begriff zu verstehen ist:

Städtebau soll sich als Organisator des Allgemeinen verstehen, in dem sich Architektur entfalten kann, wobei das Gelingen der städtebaulichen Idee gekennzeichnet ist von gegenseitiger Abhängigkeit und Qualität der Protagonisten. Ein gängiges Vorurteil beruht auf dem Mißverständnis, der neutrale Städtebau begnüge sich mit der Herstellung einer Großraumstruktur – und dann »freak-out!«.

Als Beispiel für eine möglichst offene Vorgehensweise und ein optimales Zusammenspiel nannte Christiaanse das Potsdamer seminaristische Verfahren, bei dem sich zeige, daß selbst unterschiedlichste Ansätze zum Erfolg führen können. Während sich die Vorschläge von Burelli und Lombardi mit einer genauen Inventarisierung und Wiederherstellung der alten Struktur beschäftigen und daraus Bedingungen für den Städtebau ableiten, widmen sich Uytenhaak, Zillich, Camerino/ELW und auch Christiaanses Gruppe der Beobachtung der Stadt und ihrer Geschichte auf eine eher extrapolierende, interpretierende Weise, wobei der Städtebau zwar Vorgaben macht, der Architektur aber ihre Eigenständigkeit läßt.

Dieses Thema abschließend stimmte Bernd Faskel zu, daß in beiden »Richtungen« von Beliebigkeit oder gar Mittelmäßigkeit keine Rede sein könne, um dann überzuleiten zum architektonischen Kontext, der im Seminar angestrebt war und über dessen Verwertbarkeit man sich nun Gedanken machen müsse.

Stefan Schroth führte dazu aus, daß die Weckung von Vorstellungskraft eher über architektonische Entwürfe als über Nutzungskonzepte und ähnliches geschehe, so daß sich die Initiatoren des Verfahrens gewünscht haben, daß ein Bild von Potsdam entworfen wird, das sich eindeutig auf die architektonische Gestalt der Stadt bezieht und beruft. Auf das Gesamtkunstwerk Potsdam angewandt, scheint dies die ideale Methode zu sein, da hier stets der architektonische Kontext als Vorgabe zu beachten ist. Letzteres wurde von den Teilnehmern berücksichtigt, so daß alle Arbeiten erkennen lassen, wo und auf welche Weise in der Stadt aufgebaut werden kann.

Daran anknüpfend lobte Rainer Globisch, daß nun endlich zwischen den verschiedenartigen verbalen Forderungen zur städtebaulichen Entwicklung Potsdams räumliche Darstellungen und architektonische Zeichnungen stehen, die viel Zündstoff bieten und hoffentlich die politische Entscheidung beflügeln.

Zum Schluß sei nochmals angemerkt, daß Augusto Romano Burelli, um den behutsamen Umgang mit dem Gesamtkunstwerk zu garantieren, die Einrichtung eines »Rates der Weisen« vorschlägt, dem Raffael Moneo, Giorgio Grassi, Josef Kleihus und Andreas Brandt angehören sollten.

Eine weitere Anregung, von Professor Trieb als »privater Wunsch« eingebracht, darf nicht unerwähnt bleiben: Nach Potsdam als einem Ort in Mitteleuropa, der einen großen Teil vergangener Kultur repräsentiert, gehört eine Schule oder Akademie für Architektur und Städtebau, an der Studenten aufwachsen und vor Ort viel lernen können.

Die Moderatoren dieser Diskussion waren Bernd Faskel und Stefan Schroth.

Christel Kapitzki

Diskussionsrunde
mit Sachverständigen

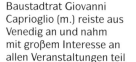

Baustadtrat Giovanni
Caprioglio (m.) reiste aus
Venedig an und nahm
mit großem Interesse an
allen Veranstaltungen teil

Architekten und
Stadtverordnete
diskutieren die
vorgelegten Arbeiten

Auf gute Zusammenarbeit!

Als im April diesen Jahres der Potsdamer Baustadtrat Detlef Kaminski und Stadtarchitekt Rainer Globisch in Venedig eintrafen, um dem hiesigen Amt für öffentliche Bauten ein gemeinsames städtebauliches Projekt vorzuschlagen, war dies zugleich ein Zeichen für die wunderbaren Möglichkeiten, die sich aufgrund der Wende in der ehemaligen DDR eröffnen.

Aufmerksame Zuhörer –
im Vordergrund notierend
Richard Röhrbein, in
seiner Nähe stehend
Detlef Kaminski (r.) und
Peter von Feldmann (l.)

Nicht nur in Hinblick auf die Potsdamer Baugeschichte ist es bedeutsam, daß italienische Architekten wiederum Gelegenheit erhalten, sich an den städtebaulich-architektonischen Planungen für Klein-Venedig, wie Potsdam gern genannt wird, zu beteiligen. Die Einladung zu dem Potsdamer seminaristischen Verfahren leitet auch eine neue Zeit des einander Kennenlernens ein, die kaum vielversprechender beginnen könnte als mit einer partnerschaftlichen Zusammenarbeit bei der Lösung vergleichbarer Probleme.

Rückblickend auf die vorgelegten Planungsentwürfe der elf internationalen Architektenteams und die Gespräche mit engagierten Planern und Politikern muß das Potsdamer Unternehmen als ein großer Erfolg gewertet werden. Mit Spannung beobachten wir dessen praktische Umsetzung und wünschen für die Zukunft, daß es noch viele Projekte zwischen Potsdam und Venedig geben möge.

Giovanni Caprioglio
Stadtrat für öffentliche Bauten

24.80

24.80